JN080913

樋口 裕一 著

# まるまる使える
# 入試頻出課題小論文 改訂版

MARUMARU

K 桐原書店

# はしがき

　大学入試科目に小論文が取り入れられるようになってから40年以上がたつ。初期にはシンプルな問題が多かったが、徐々に課題文も難化し、設問も多様化した。現在では、頭を抱えるような難しい課題文が出されることもあり、どう答えてよいのか理解に苦しむような設問が出題されることも多い。しかも、まだ高校の授業で小論文が本格的に指導されているところは少ない。多くの受験生、とりわけ難関校を目指す受験生は、どう勉強してよいか困っているだろう。

　本書はそのような人のための参考書だ。

　難関校の入試で合格レベルの小論文を書くためには、小論文の基本的な書き方をマスターするだけでなく、設問にどう答えればよいかを知り、そのうえで、知識を増やし、様々な考え方を知る必要がある。そして、様々な問題を目にして、小論文に慣れる必要がある。

　本書では難関校で出題される問題を示して、丁寧に解説している。本書を読めば、設問にどう書けばよいのか、困ったときにどう対処すればよいのかがわかるだろう。そして、それぞれの分野に必要な知識の基本を身に着けることができるだろう。本書をすべて読み終えると、小論文入試に慣れ、必要な基礎知識をつけることになるはずだ。

　なお、本書が最初の形で世に出たのは、1991年だった。予想以上に多くの方の支持をいただき、その後も改訂を重ねてきた。今回、改めて全面的な改訂をして、現在の入試動向に合わせて、これから小論文問題に取り組む人にすぐに役立つ参考書にした。

　多くの受験生が本書を学習して、合格を勝ち取ってくださることを願っている。


　2024年1月

　　　　　　　　　　　　　　　　　　　　　　　　　　樋口裕一

# もくじ

# 本書の構成と使い方

　本書には、大学入試の課題文付き小論文で頻出しているテーマごとに、実際の入試で出題された文章を掲載してある。厳選した課題文は、それぞれの主要なテーマを代表するものばかりなので、自分で課題に取り組んでみることで、主要テーマについての傾向と対策が理解できるようになっている。以下で、問題編と、解答解説編の詳しい使い方を紹介する。

### 問題編

#### ●小論文とは何か

- 小論文の書き方を解説。具体的にどうやって小論文を書いたらよいのかを、ここで理解しておこう。
- 本冊には10の主要テーマごとに入試で出題された課題文を掲載している。各テーマの最初のページには出題傾向を示してある。

#### ●出題傾向

- テーマがどの学部で出題されているかなどの傾向を示してある。

　続いて、実際の入試で出題された文章と良質な設問（都合により、入試での設問を改題している場合がある）を掲載している。設問についての解答のヒントも参考にして課題文を読み、設問に取り組んでほしい。

## ●課題文の要約

- 課題文を要約し、内容構成を簡潔に示した。課題文本文と見比べて、読み取りを確実なものにしてほしい。

## ●考え方

- 設問のねらいを解説。何が問われているかが明らかになれば、ポイントを絞って解答が作成できる。

## ●解答の構成例

- 課題文の内容の対立軸に基づいた、小論文の構成パターンを紹介した。課題文の主張に賛成する場合と反対する場合の小論文の組み立て方をそれぞれ示してある。自分の考えに合った解答を作成する参考としてほしい。

## ●模範解答

- 解答作成の参考となる模範解答。自分の解答と照らし合わせてみるのもよい。

## ●役に立つ知識

- 課題文の内容に関連して、ぜひとも押さえておきたい事柄についての知識。それぞれのテーマを考えるうえで必要な知識をここで身につけておこう。

　小論文問題は、一朝一夕では得点できるようにならない。しかも、現在の主流である、課題文を読み、その内容について論じる形式のものは、

11

課題文の読み取りが要求される分、難度が高いと言える。だが、恐れることはない。本書を十分に活用すれば、入試によく出る現在的な問題を扱った課題文に潜む普遍的なテーマについての理解が深まり、それに対しての小論文の書き方がしっかり身につくようになっている。掲載されている課題文を読みこなし、理解を深め、使える知識を蓄えてほしい。

# 小論文とは何か

## 小論文の原則はイエス・ノーを答えること

　小論文と作文はどう違うのか。その違いを知ることが、合格できる小論文を書くための第一歩だ。その答えをひと言で言うと、「小論文はイエス・ノーで答えるものであって、作文はそうではない」ということになる。

　そもそも、「小論文」とは「小さな・論じる・文章」であって、「論じる」とは、物事の是非をただすこと、つまり、イエスかノーかをはっきりさせることだ。だから、小論文を書くのであれば、イエスかノーかを答えるのが原則と考えてよい。

　「人口減少」という題が与えられて「作文」を書くのなら、人口減少が社会の中で起こっている様々なことを説明すればよい。そこに個性的なものの見方があれば、高い評価が得られる。だが、それでは小論文にならない。小論文であれば「人口減少は本当に悪いことか」「人口減少を食い止めることができるか」「人口減少の対策として外国人労働者をもっと受け入れるべきか」などといった問題点を論じる必要がある。そうすることで、一点に関して深く掘り下げることが可能になり、まとまりができる。

　言い換えれば、ある問題が与えられた場所、それについてイエス・ノーの問題提起を作って、そのイエス・ノーについて論じれば、小論文になるということだ。

　ただし、もちろん、イエス・ノーを答えただけでは小論文にはならない。その根拠を示し、その問題を掘り下げてこそ、合格レベルの小論文

になる。つまり、「人口減少は悪いことか」などの判断を下すにあたって、人口減少社会の問題点、そのメリット・デメリットを的確に捉えているかどうかが、優れた小論文かどうかの判断基準となるわけだ。

## 論理的な型に沿って構成すれば、論理的になる

「小論文は作文と違って論理的に書かなくてはいけない」という言葉もよく耳にする。では、どうすれば論理的になるのだろう。

実は、それも簡単だ。手順に沿った構成を守ればいい。それだけでかなり論理的な文章になる。

次の二つの文章構成の型を身につけておけば、論理的に書くことができる。

### A 小論文の基本的な型

字数が400字を超すほとんどの小論文は次のような四部構成にして書いてほしい。それぞれの部分を1つの段落で書くのが原則だ。

### ①問題提起

設問の問題点を整理して、これから述べようとする内容に主題を導いてゆく部分、全体の約20パーセントくらい。課題に曖昧な言葉や特殊な言語があるときには、ここでその意味をはっきりさせる。そのうえで、イエス・ノーの問題提起を作る。課題文が付いているときは、そのメインテーマは正しいか、好ましいかを問題提起にする。

### ②意見提示

問題となっている事柄の現在の状況を正しく把握して、イエスとノ

ーのどちらの立場をとるかの判断を下す。全体の30パーセント程度が目安。ここでは、反対意見に対しても目配りしておくと、視野の広い小論文になって、一方的で感情的な文章になるのを防ぐことができる。例えば、「情報社会は好ましくない」と言いたいのなら、「確かに、情報社会にも好ましい面はある。例えば、経済を発展させている。しかし、それ以上に、人間生活を貧しくしている」というように、「確かに、……しかし、〜」というパターンをうまく使って、相手の意見への目配りをする。こうすることによって、前もって反論を防ぐ役にも立つし、字数稼ぎにもなる。ただし、思っていることを書き過ぎると、次の展開の部分で書くことがなくなってしまうので注意。ここは、あくまでも、次の部分への橋渡しのつもりでよい。

### ③展開

「意見提示」で書いた立場から、なぜそう考えるかを裏づける根拠を示し、読み手を納得させる部分。問題となっている事柄の背景や原因、歴史的経過などを絡めたうえで、判断を下す。この部分の説得力と鋭さによって、小論文の質が決まる。全体の40パーセント程度が目安。

### ④結論

もう一度全体を整理し、イエスかノーかをはっきり述べればそれでよい。全体の10パーセント以下で十分。

### B　字数が少ないときには、二部構成を用いる

ときに、400字以下の字数の少ない小論文問題がある。そのようなときには、四部構成を使って書くと無駄が多くなる。また、このような字数の少ない小論文問題は、論じることが求められるのではなく、

「……なのはなぜか」「……にはどのような特徴があるか」などの説明が求められることが多い。

　そのような場合には、二部構成を用いるほうが効率的だ。問題にもよるが、字数が200字以下の場合には段落がえは必要ない。それ以上であれば、段落がえをする方が書きやすい。

### ①　短く、最も言いたいことを書く

「なぜ……なのか」を尋ねられた場合など、まずは要点を短く答える。「……とは何か」などと問われたら、「……とは何である」と端的に示す。意見を求められたときには、ここでズバリと意見を示す。

### ②　第一部の内容を詳しく説明する

具体的な内容、詳しい説明などをする。

## イエス・ノーの形にしにくい時にも同じ型を用いる

　前の項で説明したとおり、小論文はイエスかノーかを問題提起して答えるのが原則だ。しかし、近年の小論文問題ではイエス・ノーでは答えにくい問題がかなり混じっている。例えば、「この問題を解決するにはどうするべきか、あなたの意見を述べなさい」といったタイプの問題、いわゆる提言型問題では、イエスかノーかの形にはしにくい。

　このような場合も、論じることが求められている限りは、前項で説明したのと同じ型を用いて書くのが望ましい。字数が多い場合には原則として四部構成を用いる。字数が少ない場合には、二部構成を用いる。

　四部構成で書く場合には、第一部で自分の提案を書き、それが正しいかどうか検証する形を取る。

## ①問題提起

自分の提言など、結論をズバリと示す。

## ②意見提示

「確かに、私の主張は実現するには時間がかかる」「確かに、私の主張にも欠点がある」『確かに、ほかにも方法がある」などとしたうえで、「しかし、私の主張が最も正しい」と示す。こうすることによって、自説の問題点などを客観的に把握していることを示したうえで、自説が正しいことを確認する。

## ③展開

第一部で語った自分の主張が正しいことの根拠を示す。また、問題によっては、提言を実現するための具体的な方法などを示す。

## ④結論

もう一度全体を整理し、主張を明確にする。

# しっかりメモを取る

この構成を守れば、小論文らしくはなる。しかし、まだ合格小論文には程遠い。なぜなら、まだしっかりした知識、的確な分析がなされていないからだ。

小論文の命は、「展開」の部分にある。そこに、知識や分析を加える必要がある。だが、そのためには、メモを取る必要がある。

## ① 3WHAT3W1Hをメモする

作文を書くには5W1Hを考えろと言われるが、小論文では

3WHAT3W1Hを考えるのが基本だ。

　3WHATというのは「それは何か（定義）」「何が起こっているか（現象）」「何がその結果起こるか（結果）」という3つの「何」のことだ。3Wというのは、WHY（理由、背景）、WHEN（いつからそうなのか、それ以前はどうだったか＝歴史性）、WHERE（どこでそうなのか、他の場所ではどうなのか＝地理性）。1Hというのは、HOW（どうやればいいか＝対策）。

　例えば、「人口減少を論じようとしている場合、人口減少とは何か（定義）、今、どのようなことが起こっているか（現象）、このままだと社会はどうなるか（結果）、人口減少が好ましくないという意見にはどのような根拠があるか（理由）、いつごろからそのような問題が出てきたのか、それ以前はどうだったか（歴史性）、外国、例えばアメリカや東南アジアではどうか（地理性）、どうすれば人口減少を乗りきることができるか、その案にどのような問題があるか（対策）を考える。ただし、これを全部考えていたら、時間切れになる。「定義」「理由」「歴史性」だけを考えてうまい着想を得られたら、それだけでやめてもいい。

### ②持ちネタとこじつける

　もうひとつのうまい手、それは「持ちネタ」とこじつけてみることだ。情報社会の問題が出されたのに、そんなことは一度も考えたことがない、というようなことがよくある。だが、そんな場合も、諦めてはいけない。「日本社会は集団主義的で、個人意識が薄い」という知識があったら、それとこじつけてみる。そうすると、「人口減少社会になると、外国人労働者の受け入れを増やすことになるが、そうなると、日本集団主義のために精神的対立が起こる」「人口減少社会になると、外国人労働者も増え、日本の集団主義は崩れる。もっと個人主義的な社会になる」というようなアイディアを思いつくかもしれない。このように、教科書や本

で読んだこと、新聞やテレビで話題になっている出来事との関係を考えることによって、鋭く問題点に切り込むことができる。

### ③構成は手順に沿って

メモで思いついた最も鋭いアイディアを第三部の「展開」の部分に置くように構成するのが、一番うまい方法だ。例えば、「人口減少は決して悪いことではない。成長はよいことだというこれまでの生活を改めるべきだ」というアイディアを思いついたら、それを第三部にして、全体を組み立てる。

第三部を先に考えてから、第一部・第二部を考えるとよい。第一部で、「人口減少はよくないこととされているが、本当にそうなのか」と問題提起して、第二部では、「確かに、……しかし、〜」というパターンで第一部と第三部の橋渡しをする。つまり「確かに、人口が減少すると国力が落ち、経済も停滞するおそれがある」というように、人口減少の良くない面を示す。そして、「しかし」の後で、「人口減少にも良い面がある」とほのめかしておいて、第三部で「人口減少によって、新たな価値観の世界に改めることができる」という論を展開する。具体例を交えながら、そうしたアイディアを説明していけば、それでよい。

## 実際の文章作成

書き出しに悩んで時間不足になった、という失敗談が多い。小論文は基本的に、作文と違って奇抜な書き出しにする必要はない。個性的にする必要もない。だから、書き出しに悩む必要はまったくない。だが、それでも悩む人がいそうなので、そうならないようにいくつかの書き出しのパターンを挙げる。

### ①課題文の要約で始める

　課題文のある問題の場合は、常にこの形で書いてかまわない。要約の字数は、課題文の内容や全体の字数にもよるが、何も指定がない場合には100字前後が書きやすい。

　例「課題文をまとめると、『……』。では、情報社会になって、社会が効率的になることは好ましいのだろうか。」

### ②客観的事実で始める

　「最近の新聞報道によると……」「……が最近、問題になっている」といった形。少しありふれてはいるが、これで十分。

　例「日本社会では徐々に人口が減少している。このままでは、2050年には日本の人口は1億人を下回ると言われている。では、人口減少はよくないことなのだろうか。」

### ③結論で始める

　「私は、……にイエス（あるいはノー）である」というふうに、はじめに結論を言うことで問題提起にする方法。イエス・ノーの問題提起にしにくい場合などに、特に有効だ。しかも、焦点が定まりやすいし、書きやすい。ただし、結論を先に言ってしまうと後で書くことがなくなって困ることがあるので、注意が必要だ。なお、この書き方で第一段落を書いても、その後の運びは通常どおりでよい。つまり、第二段階は、「確かに……」で始める。

　例「私は、人口減少を食い止め、日本の国力を維持するためには、外国人労働者をもっと受け入れるべきだと考える。」

# 小論文の文体、原稿用紙の書き方の注意点

◆小論文を口語体で書いてはいけない。新聞のような文体で書かなくてはいけない。「してる」「見れる」「……とか」などは使わないように。

◆「です・ます」と「だ・である」を混ぜて書いてはいけない。小論文は「だ・である」調が原則。

◆一文を短くして、わかりやすい文にすること。長い文だと、係と結びの関係がおかしくなったり、ついだらだらとした感じになったりする。一文は60字以下が望ましい。

◆感情的な表現は使わない。「かわいそうだ」「そんなバカな奴らの言うことを聞く必要はない」などは論外。また、「私ごときが言える立場ではないが」とか、「私はこのことについて、何も知らないが」などといった謙遜も必要ない。

◆400字をこえる文章では、必ず段落がえをする。段落がえのない文章は白紙と同じであって、「文章」になっていないと見なされる。そして、もちろん、段落を変えるときには1マスあける。

◆？や！は使わない。

◆制限字数は厳守。制限字数の9割以上書くことが望ましいが、8割を超していれば、ほとんどの場合問題ない。ただし、1字でも制限字数をオーバーすると0点になる。

# 原稿用紙の使い方・制限字数と時間配分

## 原稿用紙の使い方

　原稿用紙にも書き方の決まりがある。ほとんどは常識として誰もが知っていると思うが、意外と知られていない決まりもあるので、注意してほしい。

**ポイント**

原稿用紙にも書き方の決まりがある。

### 横書きの例

❶　日本の合計特殊出生率は、2022年に過去最低である❹1.26まで落ち込んだ。それ以前から減少傾向にあり、出生数自体も減少している。❸
　テレビのニュースで保育所について、「空きがなく子どもを預けられないので、仕事に戻れない。これでは❹二人目の出産は難しい。」❷と話している母親を見た。日本の女性の労働については❺Inter‐Parliamentary Union（列国議会同盟）の調べで、2022年の衆議院の女性議員の割合が9.9❻パーセントと、190カ国中165番目となっている。子育てを女性の役割とする考え方を見直し働く環境を整えることが少子化問題の解決には必要❼である。

## 原稿用紙の使い方の決まり

❶書き出しと段落の初めは必ず１マスあける

❷１マスに原則として１字を埋める

　句読点（。、）やカッコ類も１マス分を取る。ただし、句点と閉じカッコが続くとき（。」）は１マス分、……や──（ダーシ）は２マス分を取る。

❸行の最初に句読点や閉じカッコを付けない

　句読点や閉じカッコが行の最初にくるときは、前の行の最後のマス

**縦書きの例**

❶日本の合計特殊出生率は、二〇二二年に過去最低の一・二六まで落ち込んだ。以前から❹減少傾向にあり、出生数自体も減少している。❸□テレビのニュースで保育所について、「空きがなく子どもを預けられないので、仕事に戻れない。これでは二人目の出産は難しい」❷と話している母親を見た。日本の女性の労働については Inter-Parliamentary Union❺（列国議会同盟）の調べで、二〇二二年の衆❻議院の女性議員の割合が九・九パーセントと、一九〇カ国中一六五番目となっている。子育てを女性の役割とする考え方を見直し、働く❼要環境を整えていくことが必用である。

23

目に加える。この規則を知らない人が多いので特に注意。

**❹数字の表し方**

　　数字は縦書きのときは、原則として漢数字を用いる。横書きの場合も普通は漢数字を用いるが、数量を記すときには算用数字でよい。

**❺横書きの場合、数字とアルファベットは１マスに２字埋めるのが慣用**

　　ただし、大文字は１字１マス分を取る。

**❻単位の記号はカタカナで書く（m→メートル、ℓ→リットル）**

**❼誤字、脱字の訂正**

　　誤字、脱字を正すとき、消して書き直すのが原則だが、時間がないときは、二重線で消したり、印を入れたりして、書き改めてよい。

**●基本的な熟語は漢字で書く**

　　必ずしも漢字を多用する必要はないが、基本的な熟語、つまり中学生までに習った熟語は漢字で書くべきだ。漢字を忘れたら、できるだけ、ほかの言葉に変える。誤字は絶対に避けねばならない。

**●文字は楷書で書く**

　　必ず楷書（学校で習った書体）で書き、草書などのくずし字は避ける。略字も不可。

**●字はできるだけきれいに書く**

　　字が汚くて不合格にされるというようなことはまずないが、字がきれいな文章と汚い文章とでは印象が違う。採点者も印象にはおおいに惑わされるので、字がきれいに越したことはない。少なくとも、誰もがすらすらと読める程度の字であってほしい。

　制限字数は必ず守らなくてはならない。**「600 字以内」とあれば、必ず 600 字以内に書く。「600 字から 1000 字」という場合も厳守する。**この場合は、600 字を 1 字でも超していればいいが、600 字未満か 1000 字を超えるときには 0 点になる。

　「○○字程度」という場合には、プラス・マイナス 10 パーセントが望ましいが、20 パーセント程度は許容範囲と見なされるだろう。また、「○○字以内」「○○字程度」の場合、少なくとも半分（800 字以内という場合には 400 字）以上は書いていないと、0 点をつけられても文句は言えない。合格点を取りたかったら、**80 パーセント以上は埋めなくてはならない。**

　また、「○○字」という場合、ごく特殊な場合を除いて、**句読点やカッコ、あるいは段落がえによって生じた空白も字数に加える。**

---

**ポイント**

　"600 字以内"→600 字以内を守ること！
　　少なくとも 80 パーセント以上書く。
　"600 字から 1000 字"→600 字から 1000 字を守ること！
　　601 字は合格、1001 字以上は不合格。
　"600 字程度"→プラスマイナス 10％（20％は許容範囲）。
　　少なくとも 80 パーセント以上書く。


　「○○字」という場合、句読点やカッコ、あるいは段落がえによって生じた空白も字数に加える。

## 時間配分

　実際の試験場で最も大事なのは時間配分。これに失敗すると、半分も書かないうちに時間切れという悲惨な目にあう。そこで、時間配分についての注意をいくつか記しておく。

### （1）時間配分をメモに書く

　試験前に、時間配分をしておいて、試験が始まったらすぐメモ用紙にそれを書く。

### （2）時間配分は2つ作る

　1つは、順調にいっている場合の時間配分。もう1つは、「これ以上手間取っては時間切れになるので、この時間になったら、次に移らなければならない」という最悪の場合の時間配分だ。問題の得意、不得意などで、2つの時間配分をうまく使い分けるとよい。

### （3）自分のペースを知る

　自分が原稿用紙を埋めるのにどのくらい時間がかかるかを知っておいて、それを中心に全体の時間配分をする。

### （4）課題文読み取りの時間を決めておく

　課題文や資料の読み取りにあてる時間を前もって決めておくことを勧める。難しい文章が出題されたときなど、読解に時間をかけ過ぎ、書く時間がなくなって、慌てることがある。時間がきたら、読解が不十分でも、これと決めた内容で書く方が賢明だ。いくらトンチンカンでも、白紙よりは合格のチャンスがある。

## (5) メモと構成に時間を取る

　試験時間が始まったとたんに書き出すというのでは、ろくな小論文は書けない。できるだけたくさんの時間をメモと構成に費やしてこそ、よい小論文ができる。構成さえしっかりしていれば、必ずまとまった小論文は書けるので、十分な時間をメモに費やすことが大事だ。

> **ポイント**
> 　できるだけたくさんの時間をメモと構成に費やしてこそ、良い小論文ができる。

## (6) 下書きは不要

　下書きは、時間に余裕のあるとき以外する必要はない。

## (7) 推敲はほどほどに

　推敲は誤字や脱字、文法的におかしい文を改めるだけにとどめよう。時間間際になって慌てて大幅に書き直してもろくなことはない。内容には目をつむって、明らかな誤りだけを改めるべきだ。

> **ポイント**
>
> ●試験前…時間配分を決めておく
> - 順調な場合と最悪の場合の２つを用意
> - 自分の書くスピードを知っておく
> - 課題文の読み取りの時間も決めておく
>
> ●試験開始…時間配分をメモ用紙に書く
> - メモと構成に時間をかける
> - 下書きは不要
> - 推敲には時間をかけない

90分で800字、午前10時に始まる試験を想定して、標準的な時間配分を作ると下記のようになる。ただし、これはあくまでも標準だ。下書きをしなければ気がすまない人や、字を埋めるのに時間のかかる人など、人さまざまなので、自分だけの時間割を作る必要がある。

| | 順調な場合の時間配分 | 最悪な場合の時間配分 |
|---|---|---|
| メモ・課題文読解 | 10時00分～10時30分 | 10時00分～10時40分 |
| 構成 | 10時30分～10時35分 | 10時40分～10時50分 |
| 下書き | 10時35分～10時45分 | する余裕なし |
| 清書 | 10時45分～11時25分 | 10時50分～11時28分 |
| 推敲 | 11時25分～11時30分 | 11時28分～11時30分 |

# 課題文付き小論文の書き方

　以上が基本的な小論文の書き方だ。ところで、実際の小論文入試では「○○について」というタイプの出題はごくまれで、ほとんどが課題文の付いた問題だ。これ以降は、本書でも扱っている課題文の付いている小論文の書き方について特に説明する。ただし、課題文が付いていても、書き方に違いはない。課題文の主張や指摘を読み取って、それが正しいかどうか、好ましいかどうかを論じればよい。基本的には同じ書き方でよいのである。しかし、もちろん注意点はある。

## まず読解を

　課題文が付いているとき、まずは正確に読解しなくてはいけない。本来なら国語の時間に読解力を養ってほしいところなので、ポイントだけを述べる。

### ①四部構成にあてはめろ

　問題提起、意見提示、展開、結論という四部構成の書き方を説明したが、それは、小論文を書くときだけのものではない。文章を読むときにもこれを応用することで、正確に読解ができる。

　課題文がわかりにくかったら、まず、どこまでが問題提起なのか、意見提示なのか……を考えてみる。論文と言われるものであれば、必ず四部構成になっている。エッセイでは崩していることが多いが、それでも、四部構成の変形と見なすことができるはずだ。

### ②キーワードを探せ

　次になすべきなのは、キーワードを探すこと。それがどういう意味なのかを考える。文章中に繰り返し出てくる言葉がキーワードだ。キーワードを中心に問題点を整理していけば、課題文の脈絡が理解できるはずだ。

### ③何に反対しているのか考えろ

　文章であるからには、必ず何かを言おうとしている。何かを言おうとしているということは、「ほかの人は、……と言っている。だが、自分はそれには反対だ。自分は……と思う」と言っているわけだ。だから、主張を見つけるには、その文章が何に反対しているかを見つけるとよい。その文章が何に反対しているのかがわかってこそ、その文章の本当の主張が見えてくる。

## 読解が終わったら、焦点を絞る

　読解が終わったら、次に何を書くかを決める。そのための手順を説明しよう。

### ①課題文にはまずノーと言ってみる

　課題文が付いているときには、まずは反論してみるといい。イエスで答えると、どうしても、課題文をなぞるだけになってしまって、書くこともなくなってしまう。その点、ノーと言うと、書くことがたくさん出てくる。

　しかも、ノーの視点を探すことによって、論が深まる。ノーの視点を思いつかないと、イエスの立場からも書きにくい。何が問題になっているのかわからないから、ノーの視点が見つからず、何を書いていいのか

わからないのである。そのためにも、どんな反論ができるか考えてみるのが有効だ。

　もし、反論に説得力があったら、真正面から反論してみる。反論しても説得力が出そうもなかったら、そこで見つけたアイディアを、第二部の「確かに」の後に使って、「確かに、このような反論が考えられるが、自分は賛成だ」というような論にすればよい。

## ②課題文に反論できないときには補足を

　反論の糸口がつかめそうもないときや課題文の主張が正論で反論できないときは、イエスで答える方がよい。しかし、その場合も、課題文をなぞるだけでは合格小論文にはならない。

　アイディアが浮かばないときには、3WHAT3W1Hを思い出して、課題文の触れていない点を補足する方法を考えるとよい。例えば、課題文には、「……すべきだ」と書いてあっても、その対策は書いていないかもしれない。課題文には触れられていない背景があるかもしれない。それを補足する。

　「筆者の意見は正しい。その証拠に、歴史上、こんなことがあった」「筆者の言うのは正しい。その背景には、もう一つ、筆者の挙げていない問題がある」「筆者の言うことを実現するには、次のような方法がある」などの補足をするわけだ。

## ③課題文を手短に要約してイエス・ノーの問題提起を作れ

　こうして、焦点が定まり、書く内容も決まったら、第一段落で課題文を要約するのが基本。そうすることによって、採点者に課題文をきちんと読み取ったことを示すと同時に、論点を定める。ただし、「要約したうえで論じなさい」などの要求がある場合を除いて、詳しく長々と要約する必要はない。3〜4行、自分が定めた焦点を要約するだけで十分、

長すぎると、むしろ焦点がぼやけてしまう。

この後は、いつもどおりに、四部構成で書けばよい。

## 要約法

近年、要約問題が課されることが多い。問1・問2とあって、問1で課題文の要約、問2で課題文についての意見を求める、というのは、最近の小論文の問題では、かなり一般的なパターンだ。読解ができていれば基本的に要約はできるはずなのだが、これにもいくつか原則がある。それを説明しよう。

### ①要約は、筆者になり代わって書くもの

時々、要約が求められているのに、「筆者の言うのは……」「筆者の意見は……」というような書き方をする人がいる。だが、それは間違いだ。要約は君が筆者に代わって書くもの。だから、文面に「筆者」などという言葉が出てくるはずがない。それに、いちいち「筆者は」という言葉を入れていると書きにくい。

### ②キーワードはそのまま使う

課題文のキーワードはそのまま使うのが原則だ。それを変えてしまうと、採点者に君が文章を理解していることをアピールできない。とはいえ、もちろん、わかりにくいキーワードには説明を加えておかなくてはいけない。「歴史の不可逆性、つまり、歴史は元に戻らないという性質」というように。

### ③キーワード以外は自分の表現に直す

課題文から文を抜き取って並べただけの文章は要約とは言えない。十

分に課題文を理解していることを採点者に示さないと、点はもらえない。理解していることを示すには、キーワード以外の難しい表現はできるだけわかりやすい自分の表現に改めてしまうことだ。例えば、課題文に「政治的センシビリティが不足」と書いてあっても、それがキーワードでないときには、「政治的に鈍感」と言い換えるほうがよい。

### ④要約は二部構成にすると書きやすい

　要約問題が300字以下の場合は、段落は一つ。それを超える場合は段落を二つに分ける方が書きやすい。そして、前半に結論に至るまでの前提を書き、後半に筆者の結論を書く。もっとわかりやすく言えば、実際には、結論はふつう課題文の最後の三つの段落あたりに出てくるので、後半にその三つの段落の結論を語る部分をまとめ、それ以外の部分は前半で説明するつもりでいればよい。前半は全体の60パーセント前後、後半は40パーセント前後を目安にするといいだろう。

### ⑤要約でも、200字を超えるときには1マスをあけて書き始める。

　「要約の場合は、書き出しの1マスをあけてはいけない」という「迷信」が蔓延しているようだが、それは間違い。要約だろうとそうでなかろうと、「文章」（あるまとまった記述をしている文のまとまり）と見なされる場合は、1マスをあけて書き始める。段落も変える。字数が200字以下の場合は、文章と見なされないことが多い。そのときには、1マスあける必要がないし、句読点が行のはじめにあってもかまわない。200字を超える場合は、一般に文章と見なされるので、要約であっても原稿用紙の書き方を守るのが原則だ。

# タイプ別・論文の書き方

　これまで、課題文が一つしかない問題を中心に説明してきたが、実際の小論文試験問題に出題されるのは、そのような基本的なものだけではない。様々なタイプの出題がある。そこで、そのほかのタイプについて、簡単な書き方を説明しよう。

● 課題文付き小論文の書き方

### ①課題文が複数のもの

　難関校に多い。対立していたり、共通していたりする複数の課題文が提示されて、それを全部読んで論じる形のものだ。

　まずは、それぞれの課題文のメインテーマを読み取る。そして、それぞれの文章が共通しているか、それとも対立しているかを考える。対立しているかどうかをまず考えて、対立点が見つからなかったら、基本的に共通していると考えてよい。

● 課題文の主張が対立しているときは、対立する複数の意見のうちのどれかに賛成して、ほかのものに反対する形を取る。ただし、課題文の考えを繰り返すのではなく、3WHAT3W1Hを用いて、補足する必要がある。具体的には、第1段落で2つの考え方の表面的な違いを説明して、第2段落でどちらかに対してイエスと言う。そして、第3段落で、深いところにまで踏み込んで、両者の根本的な違いに触れながら論じる。

● 補い合う複数の課題文のときは、まとめて「一つの文章」と捉えて、その共通する主張について、イエスかノーかを論じる。もし、課題文の中に、わかりにくい文章が混ざっていたら、主張のわかりやすい文章に的を絞って論じると書きやすい。ただし、そのほかの文章を無視してしまうのはよくないので、時々目配りする必要があ

る。

　難関校で最近増えている形が、問1、問2、問3とあって、最後の問だけが小論文というタイプだ。このような問題の場合、問1や問2は、ほとんどの場合は、要約、または要約と同じような語句の説明を行うものなので、さきほど説明した要約の書き方を用いて書けばよい。また、これらの問が最後に置かれている小論文のヒントになっていることが多い。したがって、たとえ時間がなくても、できるだけ飛ばさずに、解いていくほうがよい。

　英文読解を兼ねている。課題文のすべてが英文の場合や、複数の課題文の一部が英文という場合がある。ただし、もちろん課題文が日本語だろうと英語だろうと、書き方に違いはない。前もって英語力をつけておいて、的確に読み取って、ふつうに書けばそれでよい。英語の文章は日本語よりも論理的であることが多いので、知らない単語があっても、論旨はたどりやすいはずだ。

# 第1章 科学・環境

## 問題編

### 出題傾向

科学と環境に関する問題は、理系のほか、経済、文学など人文科学系の学部でも頻出している。今後もあらゆる学部・学科で出題される可能性がある。環境問題を通して、今後の科学のあり方を問う傾向のものが多い。

## 第1講　技術と人間の倫理

### 問題 1

**次の文章を読み、後の問に答えなさい。**

　校庭に生えた一本の草を抜こうとするときに、その草が日本で絶滅の恐れのある草であったとしたら、抜いてよいだろうか。まず、保存の手続きをとり、調査し、移植したり、増殖したりするという手順を踏まなくてはならないだろう。すると「校庭の草は、それが絶滅危惧品種に指定されていないことを確認しないで、抜くべきではない」というルールは絶対に守られなければならない。

　「しかし、ウチの学校の校庭にそんな珍しい植物なんてあるはずがありませんよ」と言う人がいるだろう。有名な絶滅危惧品種であるサクラソウ、フジバカマ、キスミレが存在しないことはすぐに確認できるかもしれない。かなり危ない線にあるのが、カヤツリグサのたぐいだが、「カヤツリグサのたぐいはどうですか」とたずねられて、「キンガヤツリや、カンエンガヤツリははじめからありませんでした」というような状況把握ができている学校は皆無に近い。

　「校庭の草は絶滅危惧品種に指定されていないことを確認して抜く」というルールを守るためには、「校庭のすべての草の名前がわかっており、草のリストができている」という状態を保つ必要がある。「それはとても大きな労力を要することで、在校植物リストを作ることは

実際的に不可能だ」と言う人もいるかもしれない。それならば、近所の大学の植物愛好クラブに応援してもらって、安い報酬でリストを作ってもらうという計画はどうだろう。もちろん先生と生徒がチームを作ってリストを作るほうがずっといい。植物の名前を調べるには少し専門的な知識も必要になるから、自然博物館の学芸員のような人の応援を頼むとよいかもしれない。（中略）

　植物だけでなくて、虫や鳥なども調べておきたい。しかし、植物と比べてリストを作るのがずっとむずかしくなるから、植物から始めるのがいいと思う。そしてあるとき、カヤツリグサの一種が校庭から絶滅しそうだということがわかったら、すぐに調査し保護の手はずを整えなければならない。そして自分たちの学校の環境のどこが悪くなったのかを調べなければならない。（中略）

　つまり学校をちいさな「野草園」にするのである。じっさい毎日見るようなありふれた植物の名前を知らないという人は多い。これは驚くべきことだと思う。だって、もしも名前を知らない哺乳類の動物をみて、「名もなき動物が町を歩いていた」などと思う人はいない。犬、猫、猿、鹿など以外の「名前も知らないような動物」を見たらびっくりするだろう。ところが植物となると、多くの詩人が「名もなき白き花」などと語る始末なのだ。だから、ふだんに見かける植物の名前を全部知っているように生徒に教えるのはさほど困難ではないが、しかし、すべての学校で「どんな植物の名前もわかる」ようになれば、日本の環境教育の革命になると思う。

　在校植物リストを作成するまで、全校一斉の草刈りとか草むしりは、当分はお預けになる。すると職員室では「どうしても全校一斉の草取りをやるべきだ」という意見が強く出てきて、結局は、植物のリストを作らないで、草取りをする結果になるかもしれない。（中略）

　私は、小学校の一年生の終りから三年生の終りまでを、疎開で長野

県下伊那郡の当時の名前で山吹村で過ごした。学校の校庭にはさまざまな草が生えていて、キャッチボールをするとバウンドしたボールが草の中に隠れたりした。東京の家に引き上げてから数年して、草の生えた校庭がなつかしくて、また山吹村の小学校をたずねたのだが、驚いたことに校庭の草はすっかり刈り取られて都会の学校と同じように砂ぼこりを巻き上げていた。PTAの有志が草刈り奉仕をしてくれたのだそうだ。「校庭に雑草があってはならない」という都会ふうの美観を保つことが、教育環境の改善になると信じられたのに違いがない。（中略）

　校庭の砂ぼこりで近所の住民が迷惑しているというケースは相当ある。乾燥した風の強い日には、校庭に水をまくという学校は多い。どうして草を生やさないのですかと聞けば、「芝生にするだけの予算がない」という返事が返ってくる。「お金をかけて芝生にしなくても、草を刈らなければいいんです」と私が言うと、たいていの校長先生は「雑草を刈らないなんてことはできません。管理が不行き届きだということになりますから」とお答えになる。

　私が疑問に思うのは、校庭のすみからすみまで、花壇を除くと「雑草が一本もない」という状態が良い環境だと信じられているということだ。東京でマンションに住んでいると、「雑草取りの日」があって、全員でマンションのまわりの花壇を除く場所の草を絶滅させる。花壇の中は栽培を目的とした植物を残して、他の植物は絶滅させる。本当は合理的な理由からではなくて、「雑草が生えていると見苦しい、雑草があると管理が悪いという印象がする」という気分的な理由が大きいのだと思う。「雑草が害虫の繁殖を助ける」という理由をあげる人もいるが、本当に「雑草をとると害虫が減るのかどうか」は調査してみる必要がある。そして本当に「草取りは虫を減らすのに有効だ」と証明されるなら、本当に虫たちから生育の場を奪っていいのかどうか、

考える必要がある。「殺虫剤を定期的に撒布する」必要があるのかどうか。

（加藤尚武『技術と環境の倫理』による）

（山梨大・教育人間科学）

[問]　筆者によって紹介された「校庭の草取り」の事例について、筆者の意見に対比させてあなたの意見を述べなさい。また、これからの環境教育はどうあるべきだと考えるか具体的に論じなさい（600字から800字）。

### 解答のヒント

　自然保護には二つの考え方がある。自然を、できるだけ人間の手を加えず、ありのままの状態で保護しようという考え方と、あくまでも人間の生活環境を守るために自然を保護し管理しようという考え方である。筆者がどちらの立場をとっているかを考えれば、対立軸が明確になり、論じやすくなるはずだ。

# 第2講　科学の怪しさ

## 問題 2

次の文章を読んで、以下の問に答えなさい。

**科学の怪しさ**

　ここで勘違いされやすいのが、「科学」についての考え方です。「そうはいうけど、科学の世界なら絶対があるはずでしょう」と思われるかもしれません。

　実際、統計をとったわけではないのですが、科学者のおそらく九割近くは「事実は科学の中に存在する」と信じているのではないかと思います。一般の人となると、もっと科学を絶対的だと信じているかもしれません。しかし、そんなことはまったく無い。

　例えば、最近では地球温暖化の原因は炭酸ガスの増加だ、というのがあたかも「科学的事実」であるかのように言われています。この説を科学者はもちろん、官公庁も既に確定した事実のようにして、議綸を進めている。ところが、これは単に一つの説に過ぎない。

　温暖化でいえば、事実として言えるのは、近年、地球の平均気温が年々上昇している、ということです。炭酸ガスの増加云々というのは、あくまでもこの温暖化の原因を説明する一つの推論に過ぎない。

　ちなみに、温度が上昇していることも、それ自体は事実ですが、では昔からどんどん右肩上がりで上昇しているかというと確定は出来な

いわけで、もしかすると現在は上下する波の中の上昇の部分にあたっているだけかもしれない。

　最近、私は林野庁と環境省の懇談会に出席しました。そこでは、日本が京都議定書を実行するにあたっての方策、予算を獲得して、林に手を入れていくこと等々が話し合われた。そこで出された答申の書き出しは、「$CO_2$増加による地球温暖化によって次のようなことが起こる」となっていました。私は「これは"$CO_2$増加によると推測される"という風に書き直して下さい」と注文をつけた。するとたちまち官僚から反論があった。「国際会議で世界の科学者の八割が、炭酸ガスが原因だと認めています」と言う。しかし、科学は多数決ではないのです。

　「あなたがそう考えることが私は心配だ」と私は言いました。おそらく、行政がこんなに大規模に一つの科学的推論を採用して、それに基づいて何かをする、というのはこれが初めてではないかと思う。その際に、後で実はその推論が間違っていたとなった時に、非常に問題が起こる可能性があるからです。

　特に官庁というのは、一度何かを採択するとそれを頑として変えない性質を持っているところです。だから簡単に「科学的推論」を真理だと決め付けてしまうのは怖い。

　「科学的事実」と「科学的推論」は別物です。温暖化でいえば、気温が上がっている、というところまでが科学的事実。その原因が炭酸ガスだ、というのは科学的推論。複雑系の考え方でいけば、そもそもこんな単純な推論が可能なのかということにも疑問がある。しかし、この事実と推論とを混同している人が多い。厳密に言えば、「事実」ですら一つの解釈であることがあるのですが。

## 科学には反証が必要

　ウィーンの科学哲学者カール・ポパーは「反証されえない理論は科学的理論ではない」と述べています。一般的に、これを「反証主義」と呼んでいます。

　例えば、ここにいかにも「科学的に」正しそうな理論があったとしても、それに合致するデータをいっぱい集めてくるだけでは意味が無い、ということです。「全ての白鳥は白い」ということを証明するために、たくさんの白鳥を発見しても意味は無い。「黒い白鳥は存在しないのか」という厳しい反証に晒されて、生き残るものこそが科学的理論だ、ということです。

　つまり、真に科学的である、というのは「理屈として説明出来るから」それが絶対的な真実であると考えることではなく、そこに反証されうる曖昧さが残っていることを認める姿勢です。

　進化論を例にとれば、「自然選択説」の危ういところも、反証が出来ないところです。「生き残った者が適者だ」と言っても、反証のしようがない。「選択されなかった種」は既に存在していないのですから。

　いかに合理的な説明だとしても、それは結果に過ぎないわけで、実際に「生き残らなかった者」が環境に不適合だったかどうかの比較は出来ない。

　ポパーが最も良い例としてあげたのは、アインシュタインの特殊相対性理論についての反証でした。この理論が実験的に検証出来るかどうかを彼は考えた。「空間が曲がっている」というアインシュタインの説は正しいのかどうか。

　この検証として、具体的には日蝕の時に、星の位置を観測した人がいる。すると実際には太陽に隠れて見えないはずの星まで観測することが出来る。つまり光が曲がって伝わって来ている。それは空間が曲

がっている、ということの証明になる。だから、とポパーはいいます。わずか一つのことに賭けられることの大きい理論ほど、よい理論である、と。

## 確実なこととは何か

このような物言いは誤解を生じやすく、「それじゃあ何も当てにならないじゃないか」と言う人が出てくる。しかし、それこそ乱暴な話で、まったく科学的ではない。

そもそも私は「確実なことなんか何一つ無い」などとは言っていない。常に私たちは「確実なこと」を探しつづけているわけです。だからこそ疑ったり、検証したりしている。その過程を全部飛ばして「確実なことは無い」というのは言葉遊びのようなものです。

「確実なことは何も無いじゃないか」と言っている人だって、実際には今晩帰宅した時に、自分の家が消え去っているなんてことは夢にも思っていない。本当は火事で全焼している可能性だって無い訳ではないのですが。全ては蓋然性（がいぜんせい）の問題に過ぎないのです。

「もう何も信じられない」などと頭を抱えてしまう必要は無いのです。そういう不安定な状態から人は時にカルト宗教に走ったりもする。

別に「全てが不確かだ。だから何も信じるな」と言っているわけではないのです。温暖化の理由が炭酸ガスである可能性は高い、と考えていてよい。毎日の天気予報では、「降水確率六〇％」という表現がされていて、それを普通に誰もが受け止めています。それと同じで、「八〇％の確率で炭酸ガスと思える」という結論を持てばよい。

ただし、それは推測であって、真理ではない、ということが大切なのです。なぜこの点にこだわるかといえば、温暖化の問題の他にも、今後、行政に科学そのものが関わっていくことが多くなる可能性がある。その時に科学を絶対的なものだという風に盲信すると危ない結果

を招く危険性があるからです。

　付け加えれば、科学はイデオロギーでもありません。イデオロギーは常にその内部では一〇〇％ですが、科学がそうである必要はないのです。

養老孟司　著「バカの壁」（株式会社新潮社）2003年4月10日発行
（獨協大・医　出題の都合により一部改変）

問1　本文を200字以内に要約しなさい。
問2　本文の内容について、あなたの考えを400字以内で述べなさい。

### 解答のヒント

　例に引きずられないように注意して、課題文の趣旨を読み取る必要がある。問1は原則に基づいて要約すればよい。問2は課題文で示される主張が正しいかどうかを判断する。課題文はもっともなことを語っているので反対意見を見つけるのに苦労するかもしれないが、反対意見を見つけ出すと、賛成するにせよ、反対するにせよ、論点が見つかって論じやすくなる。

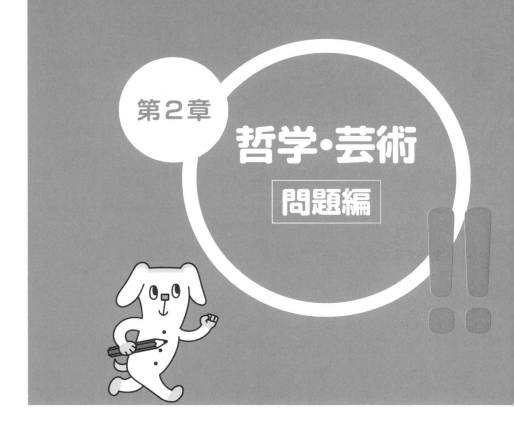

第2章

哲学・芸術
問題編

**出題傾向**

　哲学・思想に関する出題は文学部に多い。ただ哲学といっても、哲学者の著作を題材に取った難解な出題は減り、人間関係や自分探しなど身近なテーマにシフトしてきている。ただし、身近な事柄についての文章でもつかみにくい内容が多く、読み取りには注意がいる。

## 第3講　あたりまえなことばかり

### 問題 3

**次の文章を読み、後の問に答えなさい。**

　自分が何であるのかわからないということは、認識の終極、すなわち存在の真実であり、その意味で素晴らしいことなのだ。

　なのに、人は多く、自分は何かであるはずであり、また何かでなければならないと思っている。この場合の「何か」とは、では、あらかじめの何であるはずなのだろう。そもそも、自分であるとは、どのようなことであるはずだと思っているのだろう。

　世に言う「自分探し」というものが、「探す」というその額面通りに行なわれているらしいことが、そこの事情を端的に語っている。人は、自分を探しに、どこかへ出掛けて行くのである。あるいは、出掛けはしなくても、あれこれ行なってみるのである。アイデンティティの確立していない青少年に限らない。中年を過ぎ、初老にも至ろうかという人々が、「本当の自分は」こんなはずではない、「本当の自分は」どこにいるのかと、どこかへ出掛けて、あれこれ行なっているという。

　青少年が、社会的なアイデンティティの確立のために、世間へ出向き、多様な経験を模索するということは、その意味では健全なことだろう。しかし、そのようにして見出された社会的なアイデンティティ、組織の成員であるとか、何らかの職業、誰かの妻であるとか、そうい

ったことが「自分である」ということに、遅かれ早かれ人は違和を覚え、中年過ぎてなお「自分を探して」いるのであれば、自分を探しにどこかへ出向くというその姿勢が、じつは最初から逆を向いている可能性を疑ってみるほうがいい。

　「探す」という以上は、探しているものの何であるかを、人はあらかじめ知っているはずである。それが何であるかまったく知らないものを、人は探すことはできない。探している以上は、探しているものを知っているのである。しかし、自分を探している人が探しているのは、自分が知らないはずのその自分ではなかったろうか。あらかじめ知らないはずのその自分を、どうやって探すことができるのだろうか。

　自分を探す人が、自分を探すというまさにそのことによって常に自分を探し損ねるのは、自分とは探すものだと思うことにおいて、じつは自分とは何であるかを知っていると思っているからだ。しかし、自分とは何であるか。あれでもない、これでもない、本当の自分はこんなはずではないと思っているところの、その自分とは何であるか。

　自分とは何であるか、正しく問うための問いの形はこうである。自分とはあれこれ探し回るものだと思うことによって、人は自分を何らかの社会的なアイデンティティであると認めていることになる。しかし、人は、そのような社会的なアイデンティティを自分とは認められないから、「本当の自分」を探しているのではなかったか。探す以前に知るべきなのは、「本当の自分」すなわち「自分」という言い方で、自分は何を言っているのか、言いたいのかというこのことなのだ。

　知るためには、考えなければならない。「自分」とは探すものではなく、考えるものなのだ。探すためにさえ、その何であるかについて考えられていなければ不可能である。自分とは、何であるか。

　社会的なアイデンティティが、役割演技に「すぎない」とは、誰もが漠然と感じるところだろう。しかし、それをたんなる役割演技「で

ある」と割切ることができないのも、その役割を演じているところの自分の何であるか、本質において摑みきれていないからに違いない。「自分」には本質などない、役割を演じている自分が自分なのだという言い方も、一方では成立するだろう。そのような人には、その役割をおいてなお別の役割を探しにゆくような空虚感は存在しないのだから、その意味ですでに幸福な人だと言えるのかもしれない。

　けれども、多くの人は、社会的なアイデンティティを「本当の自分である」と認めることができず、本当の自分をなお探している。社会の中にそれは見つからないなら、内省することでそれは見つかるのだろうか。

　各種のセラピーやカウンセリングなどが推奨している「自分探し」は、このような文脈にあるようである。対人関係や性格形成などに関して自信をもてない人々に、「自分であること」「ありのままの自分であること」に自信をもてるように導くという。しかし、自信をもてない人が自信をもてないのは、それに自信をもつべきまさにその自分の何であるかがわからないからではなかろうか。

　何かある性格を自分であると認めるためにも、自分とは何であるかが先に知られていなければならないはずだ。どこか外へ探しに行くにも、内向きにそれを探すにも、探しているものの何であるかをまず問わなければならないことにおいて、同じなのである。「自分探し」とはそれ自体が陥穽である。探している自分はここに居る。この当たり前すぎる事実に拍子抜けするように気づいたとき、人はやみくもに探すのをやめ、着実に考え始めるはずなのだ。

（池田晶子『あたりまえなことばかり』による）

（富山大・人文）

問1　傍線部「『自分探し』とはそれ自体が陥穽である」とはどう

いうことを意味しているのか。100字以内で述べなさい。

問2　あなたはこれまでに「自分探し」を意識したことはありますか。あなたが「自分探し」を意識した（あるいはしなかった）のはなぜか、ということを考えた上で、論者の主張を踏まえながら、「自分探し」について、800字程度で論じなさい。

**解答のヒント**

**問1**

　「陥穽」とは「落とし穴」という意味。つまり、「自分探し」のマイナス面を言っている。だから、「自分探し」についてのマイナス面を述べている部分に注意して課題文を読む。

**問2**

　「自分探し」について、何か経験があれば書きやすい。ただし、その場合も単なる体験談にしない。課題文の内容と重ね合わせて論じることが肝要なので、やはり課題文を正確に読み取る必要がある。

# 第4講　アート・創造性

**次の文章を読み、設問に答えなさい。**

　近ごろ、豊かな自然のなかで作品展示が行われる芸術祭が各地で開催されているようだ。そこで主催者がしばしば耳にする言葉は「あれも作品ですか？」らしい。地元のオッちゃんから「これが作品なら、あれだってアートだ」などと、木漏れ日のなかキラメいて揺れる蜘蛛の巣を指さされることもあるという。想像しただけでも美しいではないか。筆者など「そのとおりだ」と素直にうなずいてしまうことだろう。そういう目をもってすれば、なんだってそれらしく見える。こうしたイヴェントに参加すると、それまで当たり前のように思っていた自分の感覚に戸惑いを覚える。むしろ、そんな美意識の攪乱を自ら楽しむこと自体が、その目的ではあるのだろう。そういえば勤める大学のキャンパスの一角にガレキが積み上げられているのを、美術学部の作品発表かと勘違いしてじっと見ていたことがある。「先生、それ本当に廃棄物です」とやってきた学生にいわれても半信半疑だった。立ち入りを規制するロープにさえも、なにかメッセージが込められているかに思えていたからだ。芸大などという場所は、そもそもが世間から隔絶された異空間だ。深読みすればそのへんに転がっているゴミだって作品に見えてくる。あらゆるモノや事象が芸術となる可能性をも

った時代をわたしたちが生きていることに間違いはなさそうだ。

　音楽についていえば、この世を満たす音響現象はすべて芸術たりうる。それはかのジョン・ケージ（一九一二〜一九九二）作曲「4分33秒」（一九五二年）を聴けば（？）一目（聴）瞭然だ。楽譜に音符は書かれていない。奏者はただ楽器の前にいるだけだ。しかるに、ステージからはなんら音の発せられないそのあいだ、聞こえてくる音響全部が彼の作品だ。それはひとびとの呼吸する音であり、しわぶきであり、ざわめきであり、椅子のきしみであり、空調の唸りであり、外を通る車のノイズであるかもしれない。奏者がいっさい音を出さないことを訝（いぶか）しむ聴衆に対する「本当にあなた方は何も聞こえないのですか」という問いかけそのものが、彼の芸術活動だ。

　余談だが、じつは無音の音楽（？）を最初に書いたのはケージではない。彼よりも三三年早く音のない音楽（？）に気づいた人物がいる。エルヴィン・シュールホフ（一八九四〜一九四二）というプラハ生まれのユダヤ人作曲家だ。一九一九年に発表された彼の「五つのピトレスク」というピアノ小曲集第三曲「未来に」と題されたその曲は、全三〇小節があらゆる種類の休符と感嘆符、疑問符等の記号、そして顔文字のようなものだけで埋められていた。一音も発せられないにもかかわらず右手は五分の三拍子、左手は一〇分の七拍子と指定もされている。そのうえ楽譜の冒頭には「常に表情豊かに感情をこめて自由に歌うように……」（『シュールホフ　フルートとピアノのためのソナタ』音楽之友社）との指示まである。これほど演奏困難な音楽はあるまい。彼はほかにも女性のあえぎ声と水の流れる音だけの「ソナタ・エロティカ──男たちだけのために」などという曲（？）を発表するなど、第一次世界大戦後、世界の虚無をアートにした音楽家だ。ナチスの悲劇に巻き込まれさえしなければ、戦後新たな音楽シーンを創り出す才能となったに違いない。

　筆者は「それが一聴して音楽と認識できないものを音楽とは認めない」という立場ではある。

　しかしながら実際には、当初ランダムな音響の連続としてしか捉えられなかった音現象が、なにかをきっかけに音楽として聞こえてくることがある。「ソナタ・エロティカ」だって聴きようによってはたしかに音楽に聞こえなくもない。自ら演奏する場合など「これを音楽とは認めがたい」と、いやいや譜読みをしていた作品にもかかわらず、突如その響きが音楽として現前する瞬間さえある。

　機械的、無機的に作曲されたはずの、偶然性と十二音技法を組み合わせた日本人作品のなかから、きわめて日本的な情緒が立ち昇ってきて驚いた経験がかつてあった。それもなぜか、古代の日本が大陸から盛んに文化的影響を受けていた時代の匂い（知っているはずはないのだけれど……）に幻惑されるような感覚だった。なんら脈絡のない（と思われる）音の連続であっても、条件が整えばそれを音楽と感じるセンサーがひとには備わっているようだ。

　もちろん最後まで雑音と無意味な信号音が連続する「自称芸術」としか評価のくだしようのない作品もたくさん経験してきた。もしかしたら、そうしたものであってもセンサーの感度が上がれば、それを音楽として認識できるときが訪れるのかもしれない。

　いまや芸術と非芸術の境界は個人的な感覚のなかでさえ、曖昧なもののようだ。

　おそらくそれは「芸術とは何か」、裏を返せば「どうすれば芸術でなくなるのか」という、問題提起自体が芸術となりうる時代の混乱がもたらしたものだ。

　その意味で、ケージ、シュールホフの作品などは音楽に対する価値観の転換を図ったものにほかならない。おそらくそうした考えの先駆

となり、新しい時代の新しい芸術のあり方に、誰よりも果敢に挑んだのが、美術家マルセル・デュシャン（一八八七～一九六八）ではなかったか。

　一九一七年に発表された彼の「泉」を嚆矢として、芸術への挑発的な問いは発せられた。どこにでも売っている（いや、どこにでも売ってはいないけれど、しかるべきところにさえ行けば簡単に手に入る）男性用小便器に、デュシャンの手によって〈R.Mutt 1917〉とサインされたそれは、ニューヨークにおける「第一回アメリカ独立美術家協会展」に出品されようとしていた。彼が架空の人物リチャード・マット（Richard Mutt）氏になりすまして展覧会に応募したのだ。審査なし、年会費と出品料合わせて六ドルさえ払えば、誰のどんな作品であっても展示する、というのがその展覧会の売りだった。ところがその作品「泉」は「不謹慎」を理由に、ひとびとの目に触れることはなかった。内覧会オープンに残すところ一時間となるまで、これを展示するかどうかて内部では侃々諤々の議論があったという。審査基準はなかったにもかかわらずだ。展示拒否の結論に協会理事の一人でもあった本人は抗議の辞任をする。

　その後彼は、自ら発行する小雑誌に以下のような文章で、協会の決定に反論を試みる。


　この展覧会には六ドルを払えば、アーティストは誰でもその作品を展示できるという。リチャード・マット氏は泉を送った。しかしこの作品は議論されることなく姿を消し、展示されなかった。マット氏の泉は何を根拠に拒否されたのか：——

　1、ある者は、それは不道徳で、下品だと主張した。

　2、他の者は、それは剽窃で、単なる配管設備だ、という。

　さて、マット氏の泉は不道徳ではない。浴槽が不道徳でないのと同

じで、ばかばかしいはなしだ。それは誰でも毎日配管設備店のショーウィンドウで見ることができる。

　マット氏が自分の手でそれを作ったかどうかは重要なことではない。彼はそれを選んだ。彼は平凡な生活用品を取りあげ、新しい題名と視点のもとに本来の実用的な意味が消えるようにした——そう、あの物体に対して新しい思考を創造したのだ。　　（『百年の《泉》』、筆者訳）


　つまり彼は、自分の手で何かモノを作るのではなく、思考を創造することをもって芸術とした。まさにコンセプチュアルアートの先駆けがこの一連の事件（？）といえる。

　デュシャンは美術家のひと言ではくくれない二〇世紀を代表する芸術家だ。彼は画家から出発したものの、ひと言でいうなら芸術という分野に「何でもあり」を持ち込んだ元祖といってよかろう。便器はもとより、モナ・リザの複製画に髭を描き加えたり、やはりどこにでも売っているコート掛け（タイトル「罠」）や瓶乾燥機を作品とした。はたから見れば「やりたい放題」だ。新しい時代の芸術（運動）は便器が芸術となったその瞬間から始まったといえよう。だからガレキと立ち入りを拒むロープを作品として筆者が捉えてもおかしくはないわけだ。もしあの場に作者を名乗る人物が現れて「ロープとガレキを組み合わせることによって『わたしたちの目をそらせようとしているものは何か』を考えてほしかった」と、説明されれば、「なるほど」と得心したにちがいない。それはたしかに思考の創造だ。

　たとえそれが屁理屈だとしても、単なるゴミでさえもが考えようによっては芸術となりうる時代をわたしたちは肯定的に捉えるべきだろうか。いうまでもなく「何でもあり」（本当はそうでもないとはいえ）の芸術に首をかしげるひとびとも少なくはない。しかし、規則にがんじがらめになり、常に管理される社会に生きるよりは言祝ぐべき事態

ではあろう。いや話は逆なのかもしれない。彼らのような芸術家を通して、ひとり一人があらゆる価値観をさし出すことのできる社会をわたしたちは目指しているように思える。すでに現状を自由の過剰と捉える者もいれば、未だ達成せずと考える者もいる。しかし少なくとも、異なる概念がせめぎ合う場を立ち上げ、またそれを維持することが芸術家に課せられた責務の一つであることに間違いはないようだ。

　ところで、いつの頃からかデュシャンのそれや、ケージらの音響パフォーマンスともとれる音楽は、日本では「アート」と称されはじめた。当然ながら英語に芸術とアートの差異はない。他の欧米諸言語と対照しても同様だろう。「Art」（英）や「Kunst」（独）の訳語として「芸術」があてられたのだから区別のしようがない。だから本来はアートも芸術も同じ意味であり等価であるはずだ。ところが、日本では意識的にか無意識にか、芸術とアートが使い分けられている。
　その線引きの根底にあるのは、鍛錬された技術のうえに成り立つ作品あるいはパフォーマンスと、発想や考え方に重点をおく作品（もしくはパフォーマンス）の差なのだろう。前者が「芸術」と呼ばれ、後者が「アート」と称されている。
　一般的な感覚では、手仕事として精緻をきわめたミケランジェロやラファエロの作品は芸術といえても、サインをしただけの既製品を「芸術」と認めるにはどこか抵抗がある。音楽においても同様だ。演奏する（？）ためにはいかなるスキルも必要とされない「4分33秒」、したがって赤ん坊にでも演奏（？）できるそれは果たして芸術なのか。意図せず偶然響いた音響をして「芸術」と主張されても、頭のなかには？？が飛び交う。どう考えてもバッハやモーツァルト、ベートーヴェンの作品やその演奏と同列には扱いたくないというのが、ひとびとの本音ではないか。「果たして自分の頭は固いのではないか」などと

　自問し、戸惑いを覚えつつも、芸術としての便器に感じるもやもやを
どうすることもできない。わが国で「芸術」と「アート」の使い分け
が始まったのは、このような事情を解消するための苦肉の策だったに
ちがいない。

　もちろん、アートにもそれなりの技巧は求められる。だとしても、
その制作やパフォーマンスには、代々受け継がれ磨き尽くされた技が
必ずしも必要とされるわけではない。鍛錬のうえに習熟される手技は、
むしろ歴史の重圧を想起させる。そんな権威と閉塞感から脱出するた
めにも、「アート」には高度なワザに頼らなくてもいいアイデアや概
念が必要とされるのではないか。

　そうした感じ方は日本以外のひとびとにも共通ではあるようだ。古
典的な芸術と区別するために「モダンアート＝現代芸術」や「コンテ
ンポラリーアート＝同時代芸術」「コンセプチュアルアート＝概念芸
術」などの言葉で差別化していることからもそれは分かる。とはいえ、
どの言葉もあくまでアート＝芸術であることに変わりはない。日本に
おける「芸術」と「アート」のような分離絶縁された構図ではなさそ
うだ。というのも、アート＝芸術というものはそれが何であれ、ひと
の営みの果実と捉えられるからであるようだ。日本語に翻訳された芸
術の語感からはそうした開放性が抜け落ちてしまった。代わってこの
言葉には、外部からはうかがい知ることのできない特殊な世界の伝統
と権威というイメージが貼りついたのだろう。旧来の縛りからの解放
を謳う芸術の総称として日本でアートが用いられるようになったのも
無理からぬことのようだ。

　そう考えるとアーノンクール（一九二九～二〇一六）が挑んだ古楽
復興運動は、それまでのクラシック界の常識と伝統（と信じられてい
たもの）からの逃走を試みた点で、まさしくアートだったのかもしれ
ない。当時の権威主義的な演奏のあり方をいったん白紙に戻し、楽器

の奏法も一からの見直しを図ったからだ。

　誰もが疑いもしなかったヴィブラートに疑問を投げかけたことなどはその好例だ。ヴィブラートのない演奏など考えることすらできなかった二〇世紀半ばの音楽界に彼は「本当にそれは必然なのか」と問いを発した。古典的な音楽であるかぎり、演奏のために鍛錬された技の必要性が減じたわけではない。だが、伝統と称する権威にからめとられた奏法を見直そうとする運動は、過去の音楽の再現を通り越し、むしろアヴァンギャルドな芸術（音楽）＝アートであるかのように響きもした。彼は近年ひとびとのあいだで信じられてきた音楽上の語法が、じつは一九世紀以降に初めて音楽界に共有された理念によって生まれたものであり、それ以前の音楽はまったく違う価値観で奏されるべき、と主張する。返す刀で二〇世紀のスタンダードを築いた巨匠たちのバッハ、モーツァルト解釈をことごとく否定していった。大衆ウケする彼らの音楽は一八世紀の演奏習慣からは、大きく逸脱していたからだ。その結果、時代の反逆児アーノンクールの音楽は大御所たちに毛嫌いされることとなる。

　さて、芸術であれアートであれ、その歴史が人類の起源にまで遡るものであることに疑いの余地はない。ラスコーに代表される洞窟壁画がクロマニョン人の手によることは知られている。最近の研究では、芸術的な能力は希薄だったとされてきたネアンデルタール人にも芸術活動の痕跡が見られるという。ネアンデルタール人はクロマニョン人出現以前、いまから四〇万年ほど前から二万年ほど前まで地球に生息していた人類といわれる。いくつかの洞窟壁画はこれまでの定説を覆し、ネアンデルタール人によるものであると主張する学者もいる。ことばを獲得する以前に彼らが、ことばのない歌によって意思疎通を図っていたとの説もある。なによりも死者に花を手向ける心性をすでに彼らは持っていたらしい。ひとの埋葬された跡から多量の花粉痕が見

つかることで、それが分かるという。

　死者を悼み弔うことは、そこに無いものとコミュニケイトしようと
するこころにほかならない。それはとりもなおさず彼らが芸術的な精
神活動の持ち主であったことの証だろう。日の当たる日常の向こう側
にあるものの鼓動に耳を傾けること、それはすでに芸術だ。芸術の本
質は、覆いの背後に息をひそめている真実へのアプローチにこそある
からだ。ひとを手厚く葬るという行為は、死の陰に隠された生の真実
へと至ろうとする意思なしには生まれ得ないではないか。

　なぜか人間だけが獲得してしまった想像力によって、ひとは目に見
える世界の向こう側にある世界を見、聴き、語ろうとする願望を持つ
にいたった。それこそが芸術の始まりだったはずだ。芸術は日常の秩
序とはちがう原理を求める。中沢新一氏は、それを「社会的なものの
外へ越え出ていこうとする衝動」と表現している（『芸術人類学』）。

　それゆえに、便器の向こう側に新たな意味を探索しようとするアー
トも、さまざまな音を組み合わせ、未知なる世界に辿りつこうとする
音楽も同じものだ。美学者・佐々木健一氏によれば「常に現状を超え
出てゆこうとする精神の冒険性に根ざし、美的コミュニケーションを
指向する活動」が芸術ということになる。

　ひとは、ただ目の前にある現実を受け入れ生きるだけでは、その生
に満足しないらしい。生命を超越した「無いのに在るもの」の存在を
確信して、初めて生の充実を得られるようだ。なぜ人類がそのような
こころを持って、この世界に登場したのかは謎というほかはない。た
だ一ついえることは芸術（と宗教）だけが、人間の持って生まれた本
質的な欠落感を埋める唯一の手がかりらしいことだ。人間を人間たら
しめることの根源にある営みが、芸術であることに間違いはなさそうだ。

　他の動物たちと同様、ただ生物としての生命をまっとうすればそれ
でよさそうなものを、ややこしいといえばややこしい話ではある。で

も、それが人間存在の土台である以上文句をいっても始まらない。

（大嶋義実『演奏家が語る音楽の哲学』による）（慶應義塾大・文）

設問Ⅰ この文章を 300 字以上 360 字以内で要約しなさい。
設問Ⅱ 人間の創造性について、この文章を踏まえて、あなたの考えを 320 字以上 400 字以内で述べなさい。

**解答のヒント**

音楽や美術の知識がなくても、筆者の主張はわかるだろう。問2では、「人間の創造性」について考えを述べることが求められている。課題文では、「人間の創造性」について論じられているわけではないので、筆者の主張を「人間の創造性」という言葉を用いて言いなおしてみる必要がある。そのうえで、この筆者の主張に同意するかどうかについて考えればすっきりした小論文になる。

第3章

# 言語

## 問題編

**出題傾向**

　文学部、外国語・国際系学部が中心。文学部では、主にテーマを言語そのものに絞り、「人間は言語を通じて世界をどう見ているか」という認識論が、外国語系の学部では、外国語学習の意味が問われる傾向にある。

## 第5講 ことばのあり方 ──哲学からの考察

### 問題 5

**次の文章を読み、下記の問1・2に答えなさい。**

　基本的に、語学を学ぶのは何かに使うため、つまり言語はツールだと考えられています。日常のコミュニケーションも含めて、仕事に役立てるとか、海外で料理をオーダーするとか、そういった場面を念頭において、言語を学ぶからです。そのように、私たちは通常、ことばは一種のツールだと思っているはずです。

　私も「ことばはツールではない」と全面否定するわけではありません。実際、海外旅行の際には即席で現地の日常会話を学んだりしますからね。ですが、ことばを単なるツールに過ぎないと思い込むことで、大きな間違いがいろいろな形で生じているのではないか、と考えています。この論点が、まず何よりも大切です。（中略）

　ツールとして役に立つことばは、持っていた方が良い、身につけるべきだという理屈になります。仕事に就いた時に読解力がなかったらそもそも契約書を読めないでしょう、といった発想です。そんな発想は、基本的にはツールとして、効率という観点だけでことばを取り扱っています。結局、そこで目指されているのは労働力なのです。経済

界、産業界が大学で、あるいは高校で教育をしてくれと求めているのは、一番効率よく、仕事がたくさんできる人材を作ってほしいということに尽きます。つまり基本的に、ことばは道具扱いされている。それによって、私たち人間も道具扱いされています。（中略）

　この発想を突き詰めていくと、その果ては、情報だけが欲しい、つまり、ことばという面倒なツールを使わなくても成果だけ確保すれば良いということになりませんか。英語ですら必要がなくなり、情報ツールだけが使えれば良いという話になるのです。さらには、日本語だって必要なくなるかもしれません。単語だけ入れれば、検索ソフトが必要な情報を与えてくれるようになる可能性もあるのですから。その場合でも、日本語の単語くらいは必要かもしれませんが、ことばは単語や情報だけでは成立しません。

　こういった事態は、どこか本末転倒ではないでしょうか。つまり、ことばがツールだとしたら、今言ったように、基本的には一番単純で効率的なものが良いので、機械が自動的に目的を果たしてくれればそれでよくなる。つまり、ことばそのものが必要なくなってしまうからです。

　ここで生じる最大の問題は、ことばを大切にしないことで、おそらく、人権や民主主義や自由といった、私たち人間が長い間ことばを通じて培ってきた価値について、非常に大切な部分が決定的に損なわれる危険があることです。私は、ことばの危機がもたらすのは人文学や人間にとっての危機ではないかと考えています。

　さらに言うと、人間が人間でなくなってしまいます。つまり、私たちは、何か大きなマシーンの一部になってしまうのです。昔から使われる比喩ですが、チャップリンの映画『モダン・タイムス』のように、機械の歯車の一部となって、私たちもツール化されてしまいます。

　このように、どのツールを使えば効率が良いか、ツールをどう教え

れば実用的かという発想で教育を進めると、自分自身がどんどんツールになってしまいます。ここに、ことばをめぐる問題の本質があると考えています。

　では、本来ことばをどのように捉えるべきかと言うと、皆さんは驚かれるかもしれませんが、「ことばは私自身の存在だ」というのが私の、哲学の立場からの主張です。主張というか、一種の問題提起です。

　ことばが私自身だというのはいかにも奇妙だ、そう思われるかもしれません。しかし、私が専門としている古代哲学、プラトンに、すでにそういう考え力があります。ことばとは、それを使って何かをするための道具ではなく、むしろ私というあり方であり、世界を成立させているのはことばなのだ、という考えです。

　一言で言うと、私たちは、ことばとして生きています。例えば、「立派な人間になる」とか「正しい人間、優しい人になる」とか言う場合、この「立派」や「正しい」や「優しい」ということばを通じて私たちは自己形成しているわけです。ことばを離れて、優しいということの実体がどこかにあるのではありません。むしろ、優しさや人のことを思うこと、さらにはそもそも「人」や「思う」ということそれ自体が、すべてことばで成り立っています。さらに、「私」というものがそれらのことばと切り離されて、裸で独立に存在しているわけでもありません。私たちはことばで行動して、自身のあり方を作っているのです。つまり、私たち一人一人が「ある」ということそのものが、ことばぬきには成立しないことが分かります。

　これは決して、先ほど言ったようなツール、つまり、代替可能な道具としてことばを使っているという意味ではありません。それを使って何か別の目的を果たすという意味での「道具」ではなく、むしろ、ことばが私自身のあり方の一部をなす、いやそれ自体で「よく生きる」

66

というあり方を実現するというのが、私の哲学的理解です。

　さらに言えば、私たちが生きるこの世界も、ことばで成立しています。私たちが生きることとこの世界そのものの存立が、ことばという根源的な基盤において不可分な仕方で成り立っているのです。哲学では「世界」という表現で、地球上の全地域という地理的な意味ではなく、私たちが生きている全地平を意味します。私たちが生きていく営みとは、世界をことばで捉え、そのあり方をことばで作り上げていくことです。学校や大学という場についても、研究も人を育てることも、そういったすべてがことばによって成り立っています。この場面から、もう一度考えなければなりません。

（納富信留「ことばのあり方──哲学からの考察」による）

（立教大・異文化コミュニケーション）

| 問1 | この文章で、筆者は言語の本質をどのように捉えているか。あなたの言葉で200字前後でまとめなさい。 |

| 問2 | 問1に対するあなたの考えを800字前後で述べなさい。 |

### 解答のヒント

　問2 は、課題文の主張に賛成かどうかを判断して説明すればよい。ただし、課題文は常識的な理解を退けて言語について深く分析した文章なので、これに反対すると、常識的なことを語ることになってしまいがちになる。そうならないように、気を付ける必要がある。課題文の言うとおりだとすると、人間にとって大事な要素が抜けてしまうことなどを考えると、ヒントが見つかるだろう。

# 第6講　文字を聞く

## 問題 6

**次の文章を読み、後の問に答えなさい。**

　ある単語にはじめて出会った時の新鮮な喜びや驚きというものがあると思いますが、それが、母語の場合、ほとんど、擦り切れてしまって、感じられなくなっているというのが普通だと思います。また、同音異義語が日本語のように多い言語でも、自分の使っている意味しか見えず、それ以外の意味は驚くほどきれいに消されています。たとえば、耳で「聞く」時の「きく」が菊の花の「きく」と同じであることには、なかなか気がつかないものです。それが、ワープロが普及したおかげで、いろいろ変換ミスが起こり、これまで気がつかなかったことに、いろいろ気がつくようになりました。コンピューターのよいところは、なかなか人間には真似のできないような面白いミスをすることで、そのミスによって、言葉の隠された可能性が見えてくることです。これが最新技術のもたらす変化の中で一番意議のある面かもしれません。もちろん、新しい可能性に気がつくのは機械ではなくて人間のほうなので、ハイテクの世界でこそ、わたしたちはどんなポエティックなチャンスも見逃さないように、たえず耳を傾け、目を大きく開けていなければいけません。

　わたしはスイスやオーストリアに行く時には夜、列車で行くのが好

きなのですが、「寝台車」という単語を書こうとして、ワープロが「死んだ医者」と変換してしまったのを初めて見た時には、どきっとしたものです。このふたつの言葉が、漢字を使わなければ全く同じように見えるということにそれまで気がつかなかったのには、抑揚が違うからというだけではすまされない深い理由があるように思います。

なぜ、わたしがこの変換ミスにそれほど不気味さを感じたかと言うと、わたしは寝台車に乗って、一番上の寝台に寝ていて、下に変な男の寝ている夢を見たことが何度かあるからです。その男は白衣を着ていたから、医者だったのでしょう。それは経帷子を着た死人だったのかもしれませんが。これはあまり思い出したくない、理由もなく暗い夢なので、忘れていたのですが、それが突然ワープロの画面に浮かび上がってきてしまったので、驚いたのです。漢字という安定した字面がいつもは隠してくれている、怖いものが突然現れることがあるので、ワープロは怖いのです。向かい合っていると、魔法の鏡のようにも見えます。日本には昔、鏡を通って、死人が向こう側からこの世に入ってくるというモチーフがありましたが、まさに、コンピューターのあのスクリーンも、そのように見えることがあります。死人だけでなく、忘れていたこと、考えたくないことなどが、急に浮かび上がってくるということです。わたしの友達のひとりは、「織り込んだ」という表現を愛用していたそうですが、新しいワープロを買ったら、変換ミスで「お！離婚だ。」と出て、ぎょっとしたそうです。

まだ漢字を知らなかった子供の頃には、わたしたちはこのような同音異義の暴力にさらされていた訳で、そういう可能性を整理し抑圧しながら、漢語の多い、むずかしげな日本語を習得していく訳です。今、「漢語」と書こうとしたら、「看護婦」の「看護」が出てしまいました。つまり、漢字で書かれた熟語は、言葉の多義性という落し穴に絶えず落ちては怪我をする人達の看護をしてくれるのかもしれません。治療

69

が終われば傷はなおりますが、多義性の傷口はふさがれてしまうわけです。

　ワープロは差別用語が漢字変換されないように配慮されているそうですが、ある知人が「ひやといにんぷ」と打ったら、「にんぷ」が妊娠している女の人の「妊婦」で出て、「日雇い妊婦」と出てしまったそうです。この単語に、元のいわゆる差別用語以上の残酷さが感じられるのは、現実を描写するのではなく、実際には存在しないものを表現することで現実の一面を鋭く突いているからでしょう。（中略）

　最近は電子メールができて、コミュニケーションがやりやすくなったと言いますが、言葉が人から人に伝わる時には必ず誤解があるわけで、それは、大いに心理的原因のある聞き違えに始まって、外国語の誤解、コンピューターのミスなど、いろいろあり、大切なのは、そのミスといかに創造的につきあっていくかということに尽きるかと思います。

　これは、文学の翻訳の問題を考えれば、わかることですが、他の言語に翻訳できないことがたくさんあるのは当然ですが、それでも、翻訳者が原作を読んで解釈したものを別の言語で演出することによって、翻訳文学という新しい文学が生まれるわけです。もし、これが偽造だ誤解だと言うのなら、そもそも文学の読者がそれぞれの読み方をすることも偽造であり誤解であると言うことになってしまいます。人によって読み方が異なるのは、たったひとつの文章でも、それが受け入れられる時に、一度死んで新しく生まれ変わるということで、物質のように右から左へ、作者から読者へ、輸送されるわけではないのです。

　そういう意味で、わたしが非常に不信感を覚える用語に「コミュニケーション」と「インフォメーション」というのがあります。これは、情報というのがコンビニで買う製品のようにパッケージされていて、それが何の役に立つどのくらいの重さのものなのかも明示されていて、

買えば自分のものになるのだという錯覚を起こさせるからです。そして、その延長として、お互いに自分の所有する品を交換すれば、それがコミュニケーションになるという単純な考え方が出てきます。

　日本ではこれまでは、異文化との出会いは、すでに慣れた日本語の語りに置き換えられた外国の風物を消費するという形で行われてきましたが、直接に別の文化にぶつかって、自分が変わりながら、相手を誤解しながら、新しい視界をひらいていくということがあまりなされなかったように思います。あらゆる理解が一種の誤解であることを思えば、いかに緻密で洞察力のある創造的な誤解をするかということが問題となってくるわけで、その際、言語の果たす役割は非常に大きいわけです。

　情報を伝える道具として使われる言語は無力です。「暴力はいけません」という文章が、暴力を防ぐ役にたたないのを見ればわかります。言葉の力は、耳に入る度に生まれ変わることによって生まれ、それは言葉の不思議さへの新鮮な驚きを忘れてしまえば衰えてしまうのです。この驚きは、言葉を外から眺める時に感じやすいものなので、外国語を学ぶ人たちが世界的にたくさんいれば言葉は活性化されるわけです。もちろん、母語として磨かれて複雑化され繊細化されていく中で言葉は発達していくのですが、そればかりだと、老化して生命力を失ってしまうので、外から同じ言葉を違った風に使う外国人たちが必要となってきます。わたしが、わざわざドイツ語でも小説を書いている理由のひとつはそこにあります。また、わたしの方も、母語を離れて、ものを見ることで初めて見えてくるものもあるわけです。そのひとつとして、ドイツ語を通して初めて鮮明に見えてくる日本語や日本の諸文化の側面というのもあるように思います。よく、英語で小説を書くアフリカの作家などに対して「アフリカの現状はアフリカの言葉でしか語れないはずだ。」とか、「英語を使うことでアフリカ文化の崩壊と西

洋化に荷担している。」などという批評が出ますが、これは書くということへの誤解から来ているように思います。言語はわたしたちにとっては他人なのであり、たとえ母語であっても、人間の身体と言語は別々の生き物です。両者の関係性に関係しながらいかにして、言語と関係していくか、というのが、書く者の考えるべきことであって、日本人の心とか、日本語というものがひとつの文化としてすでにそこにあるわけではないのです。あえて日本の文化の特徴はと言われれば、異質なものをどのように排除し、また受け入れるか、そのやり方そのものが日本的だと言えるかもしれません。

　だから、いわゆる自分の「アイデンティティー」を探して、いわゆる「自分」の話ばかりする、というコンセプトでは、経済的な暴力としてのグローバリゼーションに抵抗することはできません。これでは、むしろ、自分という幻想に閉じ込められてしまうだけではないでしょうか。

　外国語を学ぶことは、境界を超えるためというよりは、境界を、政治に利用される前に、文学的に作り上げ、それを使って遊び、豊かな国境地帯を創造することにあるように思います。たとえば、英語を日本人が学べば、英語を通して日本語の新しい可能性が見えてくる面もあるでしょうし、また、逆に日本人の間違った英語の使い方によって英語が変身していくこともあるでしょう。ひとつの言語の外見は、その言語の外部からしか見えないものであるので、観察の場としての、差異の場をいかに面白く形成していくのかが、これからの大切な課題となるかと思います。

＊経帷子　きょうかたびら。仏教の葬式で死者に着せる白い着物。お経の題目などが書いてある。

（多和田菜子『境界の「言語」』「文字を聞く」による）

（琉球大・法文）

問1　「自分という幻想に閉じ込められてしまう」とはどのようなことか。筆者の論旨にそって400字以内で説明しなさい。ただし、本文中にもある「コミュニケーション」「母語」「アイデンティティー」の三語を必ず用い、使用した三語には傍線を引くこと。同じ語を何度も使用してもよい。

問2　筆者が指摘している「緻密で洞察力のある創造的な誤解」の重要性について、あなたの考えを具体例をあげながら800字以内で述べなさい。

**解答のヒント**

問1　三つの語を用いて説明する問題だが、この三つの語自体が大きなヒント。これらの語を課題文の文脈とあわせて考えてみよう。

問2　具体例を挙げることが求められているのだから、鋭さのある具体例を考えることがポイント。まずそこを考え、課題文の主張の焼き直しにならないように注意しながら、言葉についての自分なりの論を展開する。

# 標準語の制定が日本社会に もたらした側面

問題
**7**

次の文章は、『国語をめぐる冒険』第五章「言葉の地図を手に入れる ——そして新たなる旅立ちへ」からの抜粋である。これを読んで、後 の問1、問2に答えよ。

　日本の国家の言葉、わたしたちの知るような「国語」はいつできた のでしょうか。その答えは、日本に「国家」といえるような体制がで きたのがいつかを考えれば想像がつくでしょう。そう、明治時代です。

　江戸時代までの日本では、地方ごとにバラバラの言葉を話していて、 現在のような全国共通の話し言葉がありませんでした。漢文訓読体の 書き言葉は広く通用したようですが、書き言葉と話し言葉の距離はと ても大きく開いていました。それでも、藩ごとにその土地を治めるし くみの中ではさほど困ることはありません。しかし、日本が開国して 一人前の国民国家としてやっていこうとなった時、学校や軍隊で使え る国家の共通言語が必要になりました。

　この辺りの事情を注1井上ひさしが『國語元年』という戯曲でユー モラスに描いています。注2明治七（一八七三）年、「全国統一話し言 葉」の制定を命じられた役人・南郷清之輔は、その仕事の必要性を家

族や使用人に対して次のように語ります。

清之輔　……エー、それでは何故（ヘーダラナシテ）、全国統一話し言葉チューものをお上は必要としとられるのか、道みち考えてきチョッタことを言う（ユー）ならば、まず、兵隊に全国統一話し言葉が要るのジャ。たとえば、薩摩出の隊長（テーチョー）やんがそこにおる弥平の様（ヨー）な南部遠野出の兵隊に号令ば掛けて居るところを考えてミチョクレンカ。いま（インマ）、隊長やんが薩摩のお国訛りで「トツッギッ（突撃）！」と号令した。弥平、何のことか分ったかの？
弥平　（堂々と）私は分りません（オラハーワガンマヘン）。

　薩摩（鹿児島）出身の隊長が、南部遠野（岩手県）出身の隊員に、自分の言葉で命令をしても通じない。これでは軍隊として機能しません。どこの出身の人であっても通じ合えるような話し言葉を作る必要があったのです。
　これまでバラバラに暮らしてきた人たちを、共通の言語によって同じ「国民」として統合すること。これは近代国家を目指す日本にとって非常に重要なことでした。
　明治初期を舞台にした『國語元年』の劇中では、明治維新で功績のあった藩の方言を中心に採用したり、人工的な語尾を発明したり、といった試行錯誤の様子が描かれます。現実の明治政府も、日本の近代化に向け、国語の問題を重要なものとして取り組みました。明治三十年代に国語調査委員を委嘱し、その後「国語調査委員会」を機関として設置します。「内に向かっては、国民的教義の大衆化のための国語の統一と学習の平易化を図る必要から、国語・国字改良の機運が生まれてきた」（文部科学省ホームページ）ためでもありました。

同じ頃には、書き言葉を話す言葉に近づける「言文一致」の運動や標準語運動等が起こりました。それらは、やがて「言文一致」の文体で小説を書いた作家たちの試みや国語の教科書の中で実現されるようになり、東京の言葉をもとにした標準語がお手本として全国に広まっていきました。

　標準語の制定は、規範、つまりみんなが従うべきお手本を定めることでもありました。東京の言葉をもとにお手本を定めたということは、同時に、それ以外の地域で話されていた言葉は、規範から外れたもの、場合によっては劣ったものとされることになります。実際、明治の半ばに出された「中学校教授要目」（現在の「学習指導要領」にあたるもの）では、一年生の国語の「講読」のところに「国語ハ発音ニ注意シ特ニ方言的発音を矯正センコトヲ力ムベシ」（矯正するように努力しなければならない）とあり、それは上の学年まで引き続き注意すべきこととされています。

　ここから、方言を撲滅せよという流れも生まれてきます。学校で方言を話すことを禁じられ、話してしまった児童・生徒が「方言札」という木の札を首からかけられるといったことも行われました。この札をかけられたら、ほかに方言を話した人を探してその人の首にかけるまで外せません。そうして、方言を話すことが恥ずかしいことであるとすり込まれていったのですね。とりわけ厳しかったのは沖縄で、戦後まで続いたといいます。

　現在では、方言で漫才をしたり小説を書いたりもされますし、特に首都圏の出身で標準語が母語となっている人の中には、方言にあこがれる人も少なくありません。標準語と方言の地位が違うと言ってもピンとこないかもしれません。しかし、全国ニュースでアナウンサーが話すのも、学校の教科書が書かれるのも、標準語です。標準語を共通語と呼び替え、かつての厳しい差別は消えたように見えても、そこに

は依然として格差があるのです。

〈出典〉渡部泰明ほか『国語をめぐる冒険』（岩波ジュニア新書）
※設問の都合上、原文の一部を省略し、注を付した。第五章の筆者は
　仲島ひとみである。

注1　井上ひさし　日本の小説家、劇作家。一九三四年〜二〇一〇年。
注2　明治七年は、正しくは一八七四年であるが、原文のままにしている。

（鳥取大・国際地域文化）

問1　傍線部「『言文一致』の運動」について、本文の内容からその背景をふまえて、200字以内で説明しなさい。

問2　本文の論旨に則して、標準語の制定がもたらした二つの側面をまとめ、それに対するあなたの考えを800字以内で述べなさい。

解答のヒント

　問2　では、「二つの側面」をまとめ、それについて論じることが求められている。「二つの側面」が何を指すかを考える必要があるが、難しく考えなくてよい。これはプラス面とマイナス面を語っていると思われる。それを整理したうえで、標準語制定の是非を判断して論じればよい。

第4章

教育

問題編

**出題傾向**

　教育に関する問題は、当然ながら教育系の学部に集中している。中でもよく問われるのが、子どもや大学生の学力低下をどう考えるかというもの。具体的な対応策が提示できるように、日ごろからよく考えておこう。

宿題を禁止するという試み

下記の文章は、フランスにおいて、小学校の宿題を禁止することで、家庭での学習環境の不平等を改善する一つの試みを紹介しています。文章を読み、フランスの試みに対して「良いと思うところ」と「悪いと思うところ」も提示しながら、あなたの考えを800字以内で述べなさい。

　私はフランス・パリに暮らしている。昨年9月に子供がフランスの小学校に入学した。入学直前には担任の先生による説明会が開備された。担任の先生は、1日の流れや読み書き、算数の教え方などの説明をした後、「ちなみに私は毎日『筆記の宿題』を出します」とどこか特別なことでも宣言するかのように言った。そして「ただし筆記の宿題は必須ではありません。やらなくても大丈夫です」と続けた。そう、驚くべきことに、フランスでは筆記の宿題が小学校に関しては法律で禁じられているのだ。いったいなぜフランスの法律は、筆記の宿題を禁止しているのだろうか。法律で禁止されるということはつまり、宿題が社会に対して何らかの形で悪影響を与えるという認識があるはずだ。歴史と現状を調べてみると、そこには意外な理由があった。
　1912年、初めて宿題が禁止されたのはオート＝マルヌ県の学区だった。その理由は3つ。(1)子供の過労のリスクを回避するため、(2)学

校外で勉強をする際の環境が一般的に悪いものであるため、(3)教師たちは宿題の添削よりも優先するべきことがあるため。その後も、実際には様々な理由をつけて筆記の宿題は出され続け、その度にそれを禁じる新たな通達が出されてきた。そして1994年には、学校での授業とは別に、1日のうち30分間、「自習指導」の時間が設けられることになる。これはつまり、その30分間については、先生が児童を個別指導できるようになったということである。この施策は、家庭環境の不平等から発生する「学びの遅れ」などに早めに対処することが目的だった。家庭環境など、児童自身が自ら選んだわけではない事情で選択肢が狭まってはならない、それに対して学校側ができることは宿題の禁止である…というわけだ。

　フランス革命の理念は「自由・平等・友愛」だったが、その「平等」の理念が、現代においても教育制度として息づいているように見える。もっとも、フランスも理念のレベルでは平等を目指しているものの、実際に子育てをしていると様々な格差を個人レベルで感じる機会が多い。私の子供たちが通う小学校はいわゆる中流家庭の子供たちが大半の学校だ。しかし一方で、その学校にはあらゆる国籍の子供が通い、中には親が外国人でフランス語が覚束ない子供たちもいる。バカンス時期になればバカンスに行ける子供と、毎日学童に通う子供もいる。

　昨年11月には*PISAの結果が発表され、フランスはその教育における不平等が深刻であることが示された。経済状況などが恵まれない環境にいる子供のうち「最低限の読解レベル」に達していない子供は、恵まれた環境にいる子供に比べて5倍も多いと指摘されたのだ。多様な文化や言語、地域格差など様々な要素があいまってある程度の教育を受けられる子とそうでない子の差がどんどんと広がってしまっているというのがフランスの現状なのだ。

［出典］大野舞「フランスでは「宿題」を出すことが禁じられている、その深すぎるワケ」『現代ビジネス』（https://gendai.ismedia/articles/-/70685・2020年3月1日掲載）
　　　　※出題に際して、文章を一部抜粋し、再構成しています。

＊PISA　OECD（経済協力開発機構）の学習到達度調査

（佐賀大・教育）

## 解答のヒント

「良いと思うところと悪いと思うところを提示しながら」とあるが、普通に四部構成の型を用いて、「確かに、こんな悪い面（良い面）もあるが、私は良い（悪い）と考える」と書けばよい。子どもにとってだけでなく、先生にとって、社会にとって、それがどのような意味を持つか、どんな社会的効果を持つかを考えると論は深まる。

問題

**9**

次の文章は、恒吉僚子著『人間形成の日米比較』「かくれたカリキュラム」からの抜粋です。文章を読んで、以下の設問にこたえなさい。

[問題1] 下線部(1)の「学校という場は、『自然』と呼ぶにはほど遠い性格を持っている。」とありますが、「『自然』と呼ぶにはほど遠い性格」とはどのような意味か、本文を参考に200字以内で述べなさい。

[問題2] 下線部(2)「この教師は、実は、自分が考えているよりもはるかに多くのことを児童に教えている。」とはどのような意味か、これまでの自身の体験をもとに「かくれたカリキュラム」の観点から500字以内で述べなさい。

　学校という所は、日本でも、アメリカでも、非常に類似した面を持っている。児童が概して年齢別に学級にまとめられ、彼らを監督する教師たちがいる。教室の中では多くの場合、児童がならんで着席し、何時間も「授業」を聞いている。学校における中心的存在は学校の「顧客」としての児童たちであり、彼らなしには学校は存続しえない。にもかかわらず、児童たちは自分たちが必ずしも欲しなくても学校に行かねばならないのであり、児童は学校中を見回しても、教師陣にせよ、事務職員にせよ、自分たちよりも力関係で弱い人間にはまず出会

わないのである。

　われわれは日頃、子供が学校に行くのはごく「自然」なことだと思っている。しかし、満員電車内のような人数を一つの部屋に何時間もいさせることに始まり、「顧客」の意志にたとえ反してでも、彼らを彼らのために設置された機関に送り込むことに至るまで、(1)学校という場は、「自然」と呼ぶにはほど遠い性格を持っている。

　学校のこうした性格に注目して、学校が牢獄にたとえられることさえある。牢獄のほうがはるかに強制的な性格が強いものの、自分の意志とはあまり関係なく送り込まれてきた人々の教育を目的としている組織であるという点に関しては、学校と牢獄は類似点がある。

　このような学校の性格に注目したとき、われわれは、アメリカ人にとっても、日本人にとっても、学校がどのような意味を持つのかを新たな目で見ることができる。つまり、学校という場は、アメリカ中、日本中の児童が、毎日、何時間も、必ずしも自分で欲しくなくとも通い、その影響を受けつづけている所なのである。

　では、このような側面を持つ学校は、一体、何を教えているのだろうか。国語の先生に、「あなたは何を教えているのですか？」と質問したならば、「国語です」という答えが返ってくるかもしれない。

　しかし、(2)この教師は、実は、自分が考えているよりもはるかに多くのことを児童に教えている。学校が教えることを目標として掲げている、国語、数学、英語などの公式の「カリキュラム」の他に、本章でも触れたような児童たちが人間関係などを通じて自ずから学んでいく潜在的カリキュラム、「かくれたカリキュラム」（hidden curriculum）が存在する。もっとも、日本の場合は特に、「かくれた」と言うにはあまりにも意識的に、子供たちの考え方や行動が方向づけられている面が少なくなかった。

　日米の小学校で給食の在り方が違うのを見て「たかが給食」、たい

したことはないと思う人がいるかもしれない。だが、そうであろうか。給食一つにしても、登校日は毎日。それを小学校六年間続けたとしても、大変な回数である。特定の行動パターンを、児童は何百回、何千回と繰り返しているわけである。しかも、給食の在り方だけが他の学校の仕組みと乖離（かいり）しているわけではない。そして、学校は社会をさまざまな形で反映している。給食のような学校生活のある一断面は、実は、学校や社会の他の在り方と連結し、総体として児童に影響を与えているのである。

　日本で母校の朝会に出席し、児童も教師もラジオ体操をしているときに、条件反射のように体が動いてしまうのは私だけであろうか、一方、アメリカでも育ったため、私はアメリカの学校での国旗掲揚の際も思わず手が胸に行ってしまいそうになる。しかも、このようなかなり意図的に教えられた行動と同じように、たとえば、英語をしゃべりはじめると「自己顕示術」を意識する習性が身に付いてしまっている。

　日米教育のかくれたカリキュラムは多様である。そして、それらは公のカリキュラムと同じように、大きな影響力を持っているのである。
　恒吉僚子『人間形成の日米比較　かくれたカリキュラム（2008年、16版）』中央公論新社、65～67頁より抜粋

（慶應義塾大・看護医療）

**解答のヒント**

問題1 ・ 問題2 ともに、「どのような意味か」と問われており、意見が問われているわけではない。だから、二部構成を用いて、最初に、「このような意味だ」と端的に示して、次に詳しく説明する形をとればよい。 問題2 については、「これまでの自身の体験をもとに」とあるので、学校で学んだ出来事を思い出すとよい。

## 第10講　学問と「世間」

**次の文章を読み、後の問に答えなさい。**

　わが国の大学も初めはドイツの教養大学を範として生まれた。しかし後進国として欧米に対抗していかなければならなかったわが国では、ベルリン大学の教養理念をそのままに受けとめることはできなかった。フンボルトたちが否定した大学像はすでに啓蒙主義時代に生まれていた実務を教える実科大学などであったが、その一部を受け入れてわが国の国立大学は成立したのである。たとえば工学部が大学の学部として設置されたことなどである。こうしてわが国の国立大学はフンボルトたちの教養大学の理念を受け継ぎながらも、その理念は徹底せず、実務や実利にも配慮した大学を創設することになったのである。教養の重視については実利の強調によって歯止めがかけられ、徹底することができなかった。

　教養の理念はむしろ高等学校において実践すべきものとされた。わが国の戦前の高等学校の生徒たちは大学受験をそれほど重視しなくてもすんだから、在学中はもっぱら自らの教養を豊かにすべく時を過ごすことができた。しかし、その教養とは一切の実務から離れて宇宙や国家に想いを馳せるという意味での教養であり、ドイツと同じく実務や実利に疎く、現場を知らないリーダーが輩出することになった。そ

してドイツと同じく、大学出とそうでない人との間に差を生ずることになった。ドイツの教養大学の卒業生が最終的にはナチズムの担い手になったといわれているように、わが国でも第二次世界大戦にいたる悲惨な結果をもたらすことになったのである。

　わが国の学問と教養概念がこのようにドイツや欧米を範として位置づけられたものであったということは、わが国の学者たちに欧米崇拝を生み出すきっかけとなった。すでに明治時代に多くの知識人たちは欧米を訪問し、その文化に圧倒されていた。二院制度、裁判制度、軍制、郵政、教育制度など、わが国の諸制度自体が、明治時代に欧米の制度を範としてつくられたものであった。西欧に範をとることができなかったのは、家のあり方や親子の関係などの人間関係だけであった。人間関係に関わる諸問題はわが国の近代化が進められていく中で、近代化しえない部分として残存することになった。

　近代的諸制度はすべて欧米に範をとってつくられたために、どのような問題でもまず欧米の諸事情を調べるという慣行が生まれ、あらゆる問題に関して欧米が模範とされた。そのために人文社会科学においては、欧米研究そのものが国民的な価値をもつものとして位置づけられることになった。その際、欧米の社会を、客観的に分析するというよりは先行する模範として受け入れ、わが国の現状との距離は単に遅れとして位置づけられたのである。欧米の社会はわが国にとって異質な文化圏としてではなく、いずれはわが国も追いつくべきスタンダードとして評価されていた。

　そのために欧米の社会は理想としてみなされ、実状の分析が十分に行われず、わが国の社会の分析も不十分なままに放置される傾向があった。わが国の知識人は欧米の社会を賛美していれば仕事が果たせるという状況であった。このことは知識人の生活スタイルに示されている。たとえばフランス文学を専攻する知識人を例にとってみよう。

彼は大学においてはフランス文学を講じ、雑誌などにも文明批評などを発表している。身の回りにもフランスの香りを漂わせ、好んでワインを飲み、わが国の諸問題に関する発言でもフランスの同じ問題の事情の紹介に終始している。しかし家の中では決してフランス紳士とはいえず、典型的な日本の中年男性であり、学生に対しても決してリベラルな教師とはいえない。つまりフランスは彼の頭の中においてある位置をもっているにすぎず、そのフランスに関する知識などが彼の行動をフランス的にしているわけではない。しかもこのような状況であることを本人は意識しておらず、自分はフランス人と同じだとさえ思っているのである。

この点については、社会科学者の中にはやや異なった態度を示す人もいた。私が接したことがある社会科学者は、かつてこのように語ったといわれている。「私は家では封建主義者として暮らし、大学では社会主義者として講義し、巷間では民主主義者として活動する」と。この言葉が語られたのは昭和三十年代のことであるが、このように感じていた学者は比較的多かったと思われる。正直な発言とみなすこともできるが、状況によって主体が異なっているということになり、それぞれの場での発言や行動の間の矛盾を自覚していないということになる。このようなスタンスで営まれている学問からは、わが国の現実が十分に見えてこないという難点がある。

西欧あるいは欧米中心主義の立場はわが国のあらゆる分野に見られるものであるが、その実質を見ると、決して欧米の基準をわが国において実現しようとしているものではないことが明らかとなる。欧米の事情は紹介されるが、その紹介者たちもそれがわが国の諸事情といかに異なっているかを承知しているのであり、わが国においては当分実現の見込みがないことを知っている。それにもかかわらず欧米の諸事情を紹介するのは、逆に言えばわが国の現状をいかに改善すべきかと

いうことには関心がなく、欧米とわが国の距離をきちんと計ろうとしていない。はっきり言えば、わが国の諸事情の貧しさに憤りを感じているわけではなく、欧米の事情の紹介で事足れりとしているからである。

このような事情は、戦後の民主主義の展開の中で広まっていったさまざまな言葉についても見ることができる。たとえば人権という言葉がある。「人権を守ろう」とか「人権週間」といった形で、この言葉はさまざまな機会に使用されている。しかし、頻繁に用いられてはいるものの、その実質は無に等しい。人権を守れという掛け声がかけられるだけで、一人一人の人権の問題はほとんどの場合無視されている。いわば人権という言葉は安全パイなのである。もしある組織の中で不当に扱われている者がいたとしても、そのことは取り上げられず、ただひたすら人権を守れという掛け声だけが木霊している。人権という抽象的な価値があるのではなく、一人一人の人間の権利の問題があるのだということが十分に理解されていないのである。

どうしてそのようなことが起こったのかを考えてみると、先に述べた事情が再び明らかになってくる。一人の人間がある組織で不当に扱われていることを取り上げようとすれは、抽象的な言挙げでは済まなくなる。ところがその際に、西欧的な観点ではなく、わが国の特殊事情としての「世間」が問題になる。そのような事情を調査していくと、その過程で多くの人権問題は人権問題としてではなく、その本人の特殊事情によるものだとされていく。わが国で人権問題が人権問題として正当に扱われないのは、そこに原因があるからである。個々の人間の事情を調べていくと、そこには人権問題という明瞭な問題は発見されず、日本的な人間関係の暗闇の中に導かれてしまうのである。つまりわが国では人権問題はそのものとして把握されていないのである。

わが国では人権問題は固有名詞をもたない問題として人々の口に上

るが、固有名詞をもった問題としてはごく少数の人々の問題となるにすぎない。もちろんそのような状況に対して闘っている人々はいる。そのような人々によってわが国の人権問題は辛うじて支えられてきた。しかし人権問題が大きな反響を呼ばない背景には、このようなわが国の文化のあり方を巡る事情があることに注目しなければならない。人権問題だけでなく、西欧に由来する概念にはこのような問題がついてまわるのである。

*フンボルト　18〜19世紀のドイツの政治家・言語学者。初等・中等教育の拡充のほか、ベルリン大学の創設に力を尽くした。

（阿部謹也『学問と「世間」』「日本の学問の現在」による）

（香川大・法）

問　欧米から受け入れた概念や制度などが、日本人の日常生活になかなか生かされない具体的な例を、上記の文章を参考にして考え、なぜそのようなことが起こるかについて、あなたの意見を800字以内でまとめなさい。

### 解答のヒント

欧米から輸入した概念や制度という規定が、具体例を見つけ出すヒントとなるだろう。欧米の概念や制度が日本で生かされない理由を述べることも求められているが、課題文にそのヒントはかなり書いてある。

**出題傾向**

　若者に関する出題は最近急増していると言える。中でも多いのが、若者のフリーター化現象をどう考えるかという出題。若者の特徴的な人間関係について問う出題も見受けられる。ボランティアについても、同様に幅広い学部で問われる傾向にある。

# 第11講 相対主義

## 問題 11

次の文章の中で、著者は、人々の価値観の違いとどう向き合うのか問いかけ、相対主義の限界を指摘している。価値観が違う人とわかりあうため、私たちは相対主義の持つ問題をどのように克服すべきなのか、あなたの意見を述べなさい。（320字以上400字以内）

　昨今、「正しさは人それぞれ」とか「みんなちがってみんないい」といった言葉や、「現代社会では価値観が多様化している」「価値観が違う人とは結局のところわかりあえない」といった言葉が流布しています。このような、「人や文化によって価値観が異なり、それぞれの価値観には優劣がつけられない」という考え方を相対主義といいます。「正しさは人それぞれ」ならまだしも、「絶対正しいことなんてない」とか、「何が正しいかなんて誰にも決められない」といったことさえ主張する人もけっこういます。

　こうしたことを主張する人たちは、おそらく多様な他者や他文化を尊重しようと思っているのでしょう。そういう善意はよいものではありますが、はたして「正しさは人それぞれ」や「みんなちがってみんないい」という主張は、本当に多様な他者を尊重することにつながるのでしょうか。そもそも、「正しさ」を各人が勝手に決めてよいものなのか。それに、人間は本当にそれほど違っているのかも疑問です。

たしかに、価値観の異なる人と接触することがなかったり、異なっていても両立できるような価値観の場合には、「正しさは人それぞれ」と言っていても大きな問題は生じません。

　（中略）

　しかし、世の中には、両立しない意見の中から、どうにかして一つに決めなければならない場合があります。（中略）「みんなちがってみんないい」というわけにはいかないのです。

[山口裕之『「みんな違ってみんないい」のか？──相対主義と普遍主義の問題』

（筑摩書房、2022年）より。原文に一部修正を加えたところがある]

（慶應義塾大・文・自主推薦）

## 解答のヒント

　「私たちは相対主義の持つ問題をどのように克服するべきか」が問われている。字数が少ないので二部構成を用いて、初めに克服するためのアイデアを示し、次にその説明をする形をとるのが望ましい。無制限に相対主義を認めることはできない。では、どのような原則は示して、どのような場合に相対主義を認めて、どのような場合に認めないのか。それを書くのが最も論理的だ。相対主義を認めてしまうと、人権が否定されてしまうことがある。できるだけ人権を尊重しながら相対主義を認めるにはどうすればよいかを考えるとよい。

# 孤独

**次の文章を読んで、あとの問いに答えなさい。**

「犀の角のようにただ独り歩め」

仏陀の言葉である。死を前にして、沢山の弟子たちに囲まれて言ったとされる。

仏陀が亡くなったら、何を頼りに生きたらいいのか、弟子たちがその指針を示してほしいと頼むと、仏陀はこう答えた。

その意味は、

「サイの頭にある太い一本の角。その角のように独りで考え、独りで自分の歩みを決めなさい」

それぞれが自分の解釈で、仏の教えを広めればいい。どう解釈してもいいし、これからの生き方は自分で決めなさい。

厳しい教えであるが、真実を物語っている。

サイの中でもインドサイは、群れで行動しない。単独で行動するので、「犀の角」とは「孤独」を意味する。

仏教では、人の恨みは人間関係に起因すると分析していて、人とのつながりが全ての悩みの原因になるから、そこから離れて独りになってみることが大切だと説かれている。

そういう状態は淋しい、孤独で避けたいと思う人が多いが、実は決

して淋しくも辛くもない。

　沢山の人に囲まれていながら、誰も自分を見てくれない、声もかけてくれない。目の前の人とつながれないときに感じるのが孤独なのだ。

　それならいっそ、独りになってみるがいい。独り歩めば、むしろ充実感があり、他人を気にしないですむ。

　都会は孤独である。

　私が卒論でその世界に浸っていた萩原朔太郎にも「群衆の中を求めて歩く」という孤独感溢れる詩がある。

　都会には人や物ばかり。それなのに群衆の中の一人として歩いている時、満員電車に揺られているとき、実は一番孤独を感じる。

　今の時代は人と人とのつながりばかりが強調され、スマホなどの機器を通じてやりとりをしていないと不安になる。

　誰かとつながりたいと「いいね！」を押し、写真を載せ、共感を得ようとする。とにかく人から外れたくない、同じ輪の中にいたいと、一人ひとりがあがいている。

　その実、今ほど人と人が遮断された時代はないのだ。

　人とのつながりから自分がこぼれ落ちた、仲間外れになった状態では、人は淋しくて孤独を感じ、藁にもすがる思いで人を求める。

　その結果、裏切られたり拒絶されたりして、どん底まで落ち込む。

　仏教では、悩みの原因となる対人関係から距離を置くことをすすめているが、孤独と向き合う時間こそ貴重である。

　自分の心の声に耳を傾ける時間を持つことで、自分が何を考えているのか、ほんとうは何を求めているのかなど、ホンネを知ることが出来る。

　「犀の角のようにただ独り歩め」

　私の大好きな言葉である。

　　　（中略）

最近のショックな事件といえば、座間市の白石隆浩容疑者の起こした九人の男女殺害事件である。

　事件の異常さもさることながら、加害者と被害者がネット上の自殺サイトで知り合った間柄であったことでも話題になった。白石容疑者は、自ら首吊り士と名のり、自殺を希望する女性に近づき、一緒に死のうと誘い、自宅アパートで殺害した。そのためにロフトのある部屋を探し求めたというから手が込んでいる。

　白石容疑者の供述で私が興味を惹かれたのが、彼のツイッターに応じてきた女性が、「死にたい」と書いていたのに、会ってみると、ほんとうに死を考えていた人はいなかったという点だ。自殺願望ではなくて、ただ淋しくて話を聞いて欲しいだけだったという。

　誰も自分のことをかまってくれない、自分の話に耳を傾けてくれない。だからこそ話を聞いてくれそうな白石容疑者の毒牙にまんまとかかってしまった。

　たった一つしかない大切な命を奪われてしまうとはゆめゆめ思っていなかっただろう。淋しいから誰でもいい、話を聞いて欲しい。そのことが自殺願望とどう結びつくのか。

　もっと突き詰めて考えてみたことがあるのだろうか。死や孤独をムードや一時の感傷で捉えていないだろうか。

　「淋しい」と「孤独」は違う。話し相手がいないから淋しくて、孤独。そんな安直なものではないはずである。

　淋しいとは一時の感情であり、孤独とはそれを突き抜けた、一人で生きていく覚悟である。淋しさは何も生み出さないが、孤独は自分を厳しく見つめることである。

　淋しいといえる段階はまだまだ甘い。淋しさを自分で解決しようという気はなく、誰かが何とかしてくれないかと他人に頼っているからだ。

そこで自分の淋しさを埋めてくれる人を探す。家族、友人、知人、そして最近はネット上でそれに応えてくれそうな人……。

　相手が見ず知らずの人で、不安はないのか。会ってみたら優しそうな人だったから、丁寧に話を聞いてくれたから、それだけで信用する気になる。不用意すぎる。自分を守るのは自分しかいないのに、安易に守りを解いてしまう。

　そこまで追い詰められているといえなくもないが、誰も相談する人がいないから、さしさわりのないネット上で知り合った人や言葉を信用するのだろう。

　ネット上の噂を信用するのと同じで、ネット社会の弊害ともいえる。しかしネットがここまで普及した今、禁止することはできない。

　スマホを失くした女子学生が、見つかるまでの間は死んだも同然だったというから、スマホでネットにつながっていることが、唯一の頼りなのだろう。

　私の世代では理解に苦しむが、一度ネットのない暮らしをしてみたら、ほんとうの淋しさや孤独を味わうことが出来るのではないだろうか。

　ネットで人とつながることを求めている人の場合、「死ね」だの「ウザい」だのと悪口を言われると、耐えることが出来ない。若い人たちの自殺の原因は、ほとんどが友達や知人から遠ざけられ、嫌われ、もはや生きていけないと思い込んでしまうことからきている。

　誰も私をわかってくれない、淋しいから死を選ぶという前に、ちょっと待って欲しい。

　誰もわかってくれなくたっていいではないか。一人のほうが、自分の好きなことやしたいことがいくらでもできる。

　他人に認められずとも、自分だけでいいではないか。「孤独はみじめ」なんかじゃないし、「孤独はみじめ」だと思うことにこそ、問題

があるのだ。

「孤独」の中で、自分を見つめることは、実に愛しいことではないか。そんな自分を抱きしめてやる。そういった発想がなぜできないのかと悔やまれて仕方がない。

（出典：下重暁子『極上の孤独』幻冬舎新書、2018年より抜粋）

（大分大・医）

問1 著者が述べる「孤独」について、200字以内（句読点を含む）で説明しなさい。

問2 「孤独」について、あなたの考えを400字以内（句読点を含む）で述べなさい。

### 解答のヒント

問2 については、最初に自分は孤独をどうとらえるか、すなわち肯定的にとらえるか、否定的にとらえるか書いて、次にそれを説明する形をとるとよい。制限字数が400字なので、二部構成、四部構成どちらも使える。課題文の筆者と同じように孤独を捉えるにせよ、それ以外の捉え方をするにせよ、孤独が本人にとって、社会にとって、どのような影響をもたらすか、これからの情報社会、高齢社会、グローバル社会においてどのような意味を持つかを考える必要がある。

# 第13講　地方都市

## 問題 13

次の文章は、日本の地方都市のように人口減少がみられる都市の持続可能性に関心をもって書かれた書籍からの抜粋です。この文章を読み、地方都市において、「地域と『共生』関係をつくる」（3段落目下線部）という点で、郊外型大型店にどのような問題点があるのか、筆者の主張をまとめなさい。そのうえで、それに対するあなたの考えを述べなさい。（横書き600字以上、800字以内）

　郊外型大型店による都市空間の収奪は、単に中心市街地商店街が瓦解する、という話に終わらない。この問題は、大型店がまち景観などに配慮せず、窓のない無愛想なコンクリートの塊を建設しているという物理的、建築的な話に加え、本書のテーマにも深く関係している。すなわち、郊外立地型大型店は、地域循環型経済を揺るがして、地域の雇用機会を破壊し、中心市街地では、車弱者を買い物難民化させる社会問題を引き起こしている。チェーン系の大型店は、効率が悪い店をたちまち閉店／撤退し、新店開発するスクラップ・アンド・ビルドを経営の基本思想に据えている。地域社会に対する帰属意識や愛着が薄く、地域社会の将来に対する責任感も乏しい。

　経済産業省の調べによると（2012年11月調査）、市町村の15.7％が「大型店の空き店舗がある」「大型店の撤退後が空き地になってい

るところがある」と回答している。人口減少／高齢化時代に、都市圏内の中心都市として重要な役割を期待されている地方中心／中核都市でその比重が最も高く、59.1％の都市が「ある」と答えていた。山形県庄内平野の田園地帯にある小さな町（三川町）に巨大ショッピングセンターが開発され、周囲にあった二つの総合スーパーが閉店になった——それと類似の事例が全国に多々ある。

　福知山市内から山陰道を車で10分余走ると、谷筋を抜けたところで大規模ショッピングセンターにぶつかる。大規模駐車場付きのI社福知山店である。町並みとの連絡がない。車でしか来られない。市街地から完全に隔絶された郊外にある。開発意図からして福知山市の中心市街地と「間柄」——地域と「共生」関係をつくる気持ちがない。郊外型大型店は、空間的にも機能的にも都市の一部になることを拒否し、「我々のタウンをつくる！」と公言し、都市の代替物として登場してくる。

　郊外に開発される大型店は、どのような都市機能を取り揃えていたとしても、所詮は私的に管理された閉鎖空間に過ぎない。まちをつくるのは、人間の営みであり、その積み重ねである。まちは時間の積層である。歴史を経て形成される。デベロッパーが「我々がまちをつくる」と考えるのは思い上がりである。仏教系の大学に奉職し、「共生」を「ともいき」と訓読みすることを知った。生きとし生ける物と「共に生きる」。また、過去から未来に引き継がれる人間のつながり共、「共に生きる」。過去とつながらず、スクラップすることを前提に安普請の店舗を開発し、それを未来に引き継ぐ意志もない郊外型大型店には、「共生」の思想を育むところがない。

　チェーン系大型店の本質は、「大規模」と「フォーミュラビジネス」である。郊外型大型店問題も、この二点に派生する。アメリカの地方政府が条例でボックスストア（窓なしのコンクリート壁の箱型の安売

りチェーン大型店の総称）やファーストフード店を規制する場合も、この二点を問題視している（景観／建物のファサード規制、地域経済への貢献、雇用機会に対する影響など）。「フォーミュラ」は、「一定の様式や規格にしたがった」という意味である。チェーン店は、フォーマット化（型にはまった／定式化）された店舗を多店舗展開する業態である。それによって大型店に相応しい大量仕入れ／大量販売を可能にしている。

　第一に、大型店は「大規模である」。なにもかも囲い込むことを店舗開発の基本に据えている。銀行や医院、旅行代理店、時々、郵便局も取り込む。「一切が間に合います」と自己完結型の「タウン」を宣言している。外の世界と「間柄」をつくることに無関心である。「タウン」を喧伝して「公共空間」を装っているが、実際は、商売に不都合だったり厄介だったりするものはことごとく排除している。そこは、無菌化された疑似公共空間に過ぎない。郊外型大型店は、既存市街地のまちづくりには馬耳東風を装い、その再生に関わることをしない。

　チェーン系大型店は「一定の様式や規格にしたがった」商品調達をするために、進出先の地域経済と「間柄」をつくらない。フォーミュラビジネスの商品調達は、店から遠く離れた本社が一括中央仕入れする方式である。郊外型大型店が進出して中心市街地が空洞化することは、可視的に確認できるために議論されるが、チェーン系大型店が地域企業と商取引をしないことで地域経済が空洞化することについては見過ごされてきた。縮小する地方都市の持続可能性を考える時代には、地域経済の縮退を助長する大型店のビジネス手法は深刻な問題である。チェーン系大型店の顧客は、大方、域外で調達された商品を購入することになる。商品を大型店まで運搬するのも域外のトラック会社である。チェーン系大型店は、域内にある製造業者や物流会社を相手にしない。域外企業との間で「間柄」ネットワークを形成してお

り、結果的に域内で稼がれた所得は、〈大型店のレジ→本店の銀行口座〉を通して域外に流れ出る。域内で〈生産→所得→消費→生産〉の循環がおきず、所得の域外逸失になっている。地域経済としては、縮小再生産である。

　東北六県の製麺業者が調べたデータがある。それによると中小商店は、60％の生麺を地域の製麺会社から仕入れている。地域本社の大型店の場合は、地域仕入れ率は41％に下がる。大手流通資本の大型店は、地域仕入れ率が25％に過ぎない。当然、同じことがほかの商品でもおきている。I社福知山店の商品棚を調べたところ（2013年4月13日午後2時ごろ）、京都府内で製造された納豆は売っていなかった。佃煮の四分の三は、府外産だった。京都の漬物は全国ブランドになっているのに、商品棚に京都府内で生産された漬物が一品もなかった。ほかの加工食品、日用雑貨でも同じことがおきている。

　チェーン系大型店と地域雇用の関係についても調べた。釧路市は道東地方の中核都市だが、産業構造の転換や北洋漁業の不振が続き縮小都市である。1982-2002年に中心市街地の店舗数は半減し、そこでの従業員（店主を含む）も50％以上減った。同じ時期に郊外の店舗数は倍増し、郊外店舗で働く従業員が二倍に増えた。郊外にはI社が出店し、周囲にチェーンの安売り専門店が軒を並べている。こうした釧路市商業構造の変化は、①中心市街地で職場が消え、②郊外に新しい雇用機会が生まれたことを意味している。郊外の雇用機会は、パートタイマーか、アルバイトの低賃金／不安定雇用である。

　　　　　　（矢作弘『縮小都市の挑戦』岩波書店、2014年、一部改変）

　　　　　　　　　　　　　　　　　　　　　（大阪教育大・教育）

　地方都市において、「地域と共生関係をつくる」という点で、郊外型大型店にどのような問題点があるのか、筆者の考えを示したうえで、自分の意見を書くことが求められている。第一段落で長めに「問題点」を説明して、郊外型大型店の是非を論じればよい。地域経済、消費者、労働者の立場で、どのようなメリット、デメリットがあるかを考えると論点が見つかるだろう。地域が高齢化、過疎化していることを頭に入れたうえで論じると鋭い小論文になる。

# 第6章 経済・労働
## 問題編

**出題傾向**

　日本経済のあり方に関する問題は、経済学部や商学部など
で頻出する。また、労働に関する問題は、経済や商の他、文
学部などで出題されることもある。特にニートの問題は、今
後、あらゆる学部で出題される可能性が高いと思われる。

# 第14講　ジョブ型雇用

## 問題 14

**次の文章を読んで、以下の問に答えなさい。**

### ジョブ型雇用とは何か

　「ジョブ型雇用」というのは、日本的な雇用である「メンバーシップ型雇用」に対して、欧米型の雇用システムを表現する言葉です。

　日本における経営環境の変化や人事上の問題を背景に、さまざまに論じられているこのジョブ型雇用ですが、端的にいえば、ジョブディスクリプション（職務記述書）を作成し、その職務内容に基づいて必要な人をその内容に見合った金額で採用する手法のことです。

　同じジョブ型雇用でも、解雇が容易で個別交渉が主流の米国型と、労働者に対する保護が手厚く、容易に解雇できないドイツなどの欧州型とではかなり異なります。

　日本では、ジョブ型雇用のイメージとして語られるのは米国型です。「企業対個人」という様相が強く、「自分はこんなこともできる！」とボスと個別交渉をして契約を結びます。（中略）

　そのため、キャリアアップは社員個人の問題です。自分自身で今以上に難しい職務をこなすために技術を磨き、その会社で報酬の高い職務に志願するか、転職をしてキャリアアップを目指していきます。

　また、米国は日本や欧州に比べて解雇がしやすいという特徴があり

ます。契約した職務がなくなれば、解雇をすることが可能です。

　対する欧州型は業種別労働組合の影響が強く、社員と企業の交渉や折衝に関わってくるため、米国型のような企業と個人だけの個別交渉というわけではありません。また、賃金の決定は、基本的には職務に応じた報酬であるものの、年功が加味される職能給的な部分が考慮される国もあります。

　労働者保護も強いため、職務がなくなっても社員を即解雇することは不可能です。そういった背景もあり、職務がなくなった場合はまずは社内における異動が検討されますが、それだけではなく組織への長年の貢献度などが評価される面もあります。

## 「就職」と「就社」

　ジョブ型雇用といっても、欧州型は日本の雇用形態と似ている面もあるのです。

　それでは、ジョブ型雇用とメンバーシップ型雇用の違いは一体何なのかといえば、ジョブ型が職務に対して人を付ける「就職」であるのに対して、メンバーシップ型は人を採用してから職務を付ける「就社」という表現が分かりやすいでしょう。

　雇用の基点が、職務ありきか、人ありきかという違いです。

　メンバーシップ型雇用は、まず初めに人の採用を考えます。メンバーシップ型雇用の象徴として「新卒一括採用」が挙がりますが、そうして一度に採用した社員を異動や転勤、ジョブローテーションを繰り返しながら、企業に貢献する人材に育成していきます。

　他にも「年功序列型賃金」「終身雇用」などもメンバーシップ型の特徴です。日本の雇用システムに後から名前を付けたようなものなので、詳しく説明せずとも日本の最も主流となっている雇用システム、といえばイメージできるでしょう。

　どんな仕組みでもそうですが、時代環境によっていろいろな課題が出てきます。

　昨今のジョブ型・メンバーシップ型論争においては、新卒一括採用などの日本的な人事制度が時代環境に合わなくなってきたことが問題とされています。人事制度とは、一般的には評価制度、昇進・昇格制度、賃金制度など人に関わる仕組み全体を指します。

　具体的に、メンバーシップ型雇用がどんな問題をもたらしているとされるのか、主なものを列挙しましょう。

「年功序列型賃金による高齢社員の賃金の肥大化」

「重要な仕事をしていても若年社員の賃金が低いこと」

「社員の成長意欲の低さ」

「優秀なグローバル人材・高度なテクノロジー人材を採用できないこと」

「専門性の高い人材が育ちにくいこと」

「日本企業の国際競争力の低下」

　まだほかにも世間で言われていることはいろいろありますが、それほどまでに、日本企業の人事制度は末期的状況なのでしょうか。

## なぜ高齢社員の賃金は高いか

　年功序列型賃金による高齢社員の賃金の肥大化は、経済が右肩上がりの時代には大きな問題にならなかった賃金の決め方によるものです。

　社内の誰かと比べて、自分の毎月の賃金や昇給、賞与が少なかったとしても、毎年確実に増えていくことが約束されているのであれば、社員はそれほど大きな不満に感じることはありませんでしたし、むしろ安心を与えるものでもあったでしょう。

　ただ、自分が成長したり挑戦したりしなくても賃金が増えていくため、「これくらいもらえるのであれば生活に困らない」という水準に

達すると、成長をやめる社員が生まれてしまいました。成長意欲の低い社員の誕生です。それが評価以上に賃金をもらっている高齢社員を生む結果となったのです。

日本企業の場合、管理職になれなかった人でも、大卒で入社した50代正社員の賃金は初任給の2倍以上になりました。大企業も中小企業もそうです。

『人事の成り立ち』（海老原嗣生・荻野進介著、白桃書房）によれば、欧米では昇進を重ねた一部の上位役職者年収はぐんと増えますが、習熟による上がり幅はせいぜい20％といいます。

日本では新人とベテランでは同じ職であっても、業務の内容が変わります。プレーヤーで一人前になった社員にマネジメントをさせるという考えが強いからでしょう。そのため、若年社員は重要な仕事をしていても、急に高い賃金が支給されることはありません。ただ、「賃金は後から付いてくる」という言葉が象徴するように、成長に合わせて後から少しずつ増えてくるため、最終的には賃金が2倍以上になるのです。

また、ここは重要なポイントですが、そのような人事制度にしたのは、仕事内容を可視化していないからでもあります。

若手社員の重要な仕事がどれほど組織に貢献しているものなのかが明確にできないため、ベテラン社員や先輩社員よりも賃金を増やすことが困難だったのです。重要な仕事をすることは「挑戦」であり、「挑戦する社員は成長する」として、挑戦を美徳とすることで評価をごまかしてきた面もあります。

それでも高度経済成長期は、若手社員はベテラン社員たちを見ながら「自分もいつかはあのようになれるのだ」と信じて仕事ができたでしょうが、バブル崩壊後に賃金の上昇が止まると、それがはかないものであったことに誰もが気づいてしまいました。

頑張ってもその分が賃金に反映されず、褒められることもなければ、努力は無駄だと成長意欲を落とすのは当たり前です。これは年功序列型だけの問題ではなく、職能資格制度の機能不全や成果主義による組織の崩壊などにも原因があります。

## テクノロジー人材を採用できない賃金制度

外国語が堪能で海外ビジネスの経験が豊富なグローバル人材や、インターネット、人工知能（AI）などに高い知見を持つテクノロジー人材を採用できない問題はどうでしょう。

テクノロジー人材は、世界的に見ても特に獲得競争が激化しています。企業の生産性向上には、IT（情報技術）、AI、あらゆるモノがネットにつながるIoT、ビッグデータの分析、デジタルトランスフォーメーション（DX）など、さまざまな技術・発想が必要だからです。

新しいテクノロジーが起こす「第4次産業革命」を、自社に取り込むことができるかどうか。これは生産性だけの問題ではなく、企業の存続・発展に大きな影響を与えるでしょう。それまで大きかった産業が、産業革命によって消えていった歴史を私たちは知っています。

だから優秀なテクノロジー人材を、従来の賃金制度の枠組みを大きく超えて、高額の賃金を支給してでも採用したい。それは、経営者の正直な思いでしょう。ディー・エヌ・エー（DeNA）やグリーなどのIT企業が打ち出した、エンジニア職の優秀な新卒には年収1000万円の給料を出すという衝撃のニュースが話題を集めたのは、2011年のことでした。

私は、拙著『「即戦力」に頼る会社は必ずダメになる』（幻冬舎）で、中小企業が人手不足を背景に即戦力を求めて中途採用を繰り返すことが、労働分配率の悪化につながることを指摘し、社内教育の重要性を強調しました。しかし、最先端のテクノロジーの知見を持つ人材に関

しては、社内教育にも限界があります。

　ただし、現行の日本企業の賃金制度では、優秀な若年社員にさえ、高い賃金が支給されないのですから、高度なテクノロジー人材を在職社員よりも高い賃金で採用することは困難です。結果、人材が国外に流出し、国際競争力の低下を招いています。

　そこでジョブ型雇用が、これらの問題を万事解決できる特効薬のように期待されています。

　日本におけるジョブ型雇用の定義もきちんと定まっていないのに、「ジョブ型がよい」「メンバーシップ型のままではいけない」など、バブル崩壊後に沸き起こった成果主義の熱狂さながらの議論が飛び交っているわけです。


## 成果主義の失敗から学ぶ

　新しい人事制度が話題となるときには、必ずといっていいほど「大きな環境変化」があります。バブル崩壊もそうですし、新型コロナ禍もそうです。

　変化の大小にかかわらず、完璧に予測することは不可能です。大手企業ですら一気に利益を失います。その状況をうまくくぐり抜けるための具体策を明確に描けないならば、企業存続のために短期的に打つ手は経費削減です。

　「販売費及び一般管理費」の中で、通常一番高いウエートを占めているのは人件費です。バブル崩壊後、日本で急速に市民権を得た成果主義も、経営環境の悪化による人件費削減を正当化するため、「成果に応じて賃金を決める正しい賃金制度」として使われました。

　ある卸売業の経営者もこの考えに賛同し、高い成果の社員には高い賃金を出す、成果が低ければ高い賃金は出せない。このことを理解できない社員はいないだろう。賃金を維持するため、成果を上げる努力

をしてくれるはずだと思いました。

　しかし、期待通りにはなりませんでした。それどころか、逆に業績を悪化させる結果となったのです。確かに、一部の社員はこれまでよりも高い成果を上げました。しかし、多くの社員がこれまでよりも成果を落としていたのです。

　今までなら社内で誰かが成果を上げたとき、周りに他の社員が集まってきて、そのやり方を聞くのが当たり前でした。聞かれた社員も誇らしげに「このように変えたのがよかった」とか「ここがポイントになる」と何も隠すことなく話していました。

　ところが成果主義を取り入れてから、成果の高い社員がそのやり方を他の社員に教えなくなったのです。成果の低い社員が、今まで以上に成果を上げられなくなっただけではありません。職場の雰囲気が一気に悪化しました。（中略）

　企業を存続させるためには、人件費を調整する必要があると考えるのは不思議ではありません。ジョブ型雇用を採用し、賃金に見合う職務をしていない社員の賃金を下げたいと考えている経営者もいるはずです。ただ、ジョブ型を導入すれば、勝手に社員が危機感を持って成長するわけではないことは、成果主義の失敗が教えてくれています。

（出典　松本順市「高齢社員の賃金肥大化、ジョブ型雇用で解消するか」

　　　2021年5月15日　日本経済新聞　電子版

　　　松本順市「テレワーク社員の何をどう評価するか」

　　　2021年5月22日　日本経済新聞　電子版

　　　　　　再構成―設問の都合上本文の一部を改めた。）

　　　　　　　　　　　　　　　　　　　　（中京大・経営）

問　ジョブ型雇用についてあなたはどのように考えるか。600字以上800字以下で論じなさい。

　「ジョブ型雇用についてどのように考えるか」が問われている。素直に、ジョブ型雇用の是非を考えればよい。課題文中に、その是非が整理されているが、説明が不十分なので、整理されている内容の一部を説明して、それが日本国民にとって、日本社会にとって好ましいかどうかを詳しく説明すればよい。

# 第15講 外国人労働者と移民受け入れ

## 問題 15

**次の文章を読んで、後の設問に答えなさい。**

　いまや全国に55,000店舗以上を数えるコンビニは、どこへ行っても"当たり前の存在"である。

　24時間オープンの売り場には弁当や飲み物がぎっしり陳列されているだけでなく、USBメモリから冠婚葬祭のネクタイに至るまで、突然の「しまった、アレがない！」という状況にもかなりの確率で対応してくれる。

　もちろん"買う"以外のサービスも充実している。ATMがあれば真夜中でも現金を下ろすことができるし、公共料金の支払いや宅急便の受付は当然のこととして、最近はマルチコピー機で名刺を作ったり、住民票の写しや印鑑登録証明書をプリントすることも可能だ。近くにコンビニがあれば、わざわざ遠くの印刷所や役所まで行く必要もない。

　コンビニはまさに現代日本人の生活に密着した"近くて便利"な社会インフラである。コンパクトで高機能という点も、ある意味で日本を象徴するスタイルであろう。

　同じ小売業でも、百貨店やスーパーなどは売り上げや事業所数が減っているのに対し、コンビニ業界はこの数年でさらに勢いを増して拡大、成長を続けている。業界全体では10兆円を超える巨大なマーケ

ットを誇る。

そんなコンビニにいま"異変"が起きている。とくに都心のコンビ
ニではその変化が顕著だ。

四国に住む友人は、東京のコンビニの劇的な変化を見て「最初はビ
ックリした」と言う。

「だってインド人みたいな人がレジにいて、『お箸は何膳にします
か？』とか日本語もペラペラだし、外国人のスタッフ同士の会話も日
本語でしょう。出張で上京するたびに外国人スタッフの数が増えてる
気がするけど、彼らを見ると『東京に来た！』って実感するんだよね。
でも、最近になって、地元（徳島）のコンビニでもちらほら増えてき
た気がする」

彼が言う"インド人みたいな人"というのは、おそらくネパール人
かスリランカ人のことだ。

東京23区内の深夜帯に限って言えば、実感としては6～7割程度
の店舗で外国人が働いている。昼間の時間帯でもスタッフが全員外国
人というケースも珍しくない。名札を見るだけでも、国際色豊かなこ
とがわかる。

しかも、この傾向はいま急速に全国に広がりつつある。大阪、神戸、
名古屋の栄、福岡の中洲・天神といった繁華街のコンビニでは、すで
に外国人スタッフは珍しい存在ではなくなっているし、今回取材で巡
った沖縄でも実に多くの外国人がアルバイトとして働いていた。

全国のコンビニで働く外国人は大手3社だけで2017年に4万人を
超えた。全国平均で見るとスタッフ20人のうち1人は外国人という
数字である。

こうした状況が広がる背景には、コンビニ業界が抱える深刻な問題
がある。

人手不足である。

現実として全時間帯で常に人手が足りない店舗もあり、業界内では「24時間営業を見直すべき」という声も出始めている。しかし、いまのところ大手各社が拡大路線を取り下げる気配はない。

業界最大手のセブン−イレブン・ジャパンの古屋一樹社長は、雑誌の取材に対して「24時間営業は絶対に続けるべきだ」と明言し、「加盟店からも見直すべきという要望は上がってきていない」としている。

業界第2位のファミリーマートと第3位のローソンは、深夜帯に一定時間店を閉めたり、無人営業をするといった実証実験を始めているが、業界トップのセブン−イレブンが「絶対に続ける」と言っている限り、深夜営業を取りやめることは難しいだろう。店舗もこれからまだまだ増えていくはずだ。ローソンは、2021年までには現在より4,000店舗多い18,000店舗まで規模拡大する意向を示している。

しかし、そうした拡大路線が続く一方で、人手不足にあえぐ"現場"では疲弊感が広がっているのも事実だ。東京・世田谷区でコンビニを経営するオーナーは、「店の前にバイト募集の貼り紙を出して1年以上になるけど、まったく反応がない」と嘆く。

「平日の昼間なら時給で960円、深夜なら1,200円以上提示しても日本人はなかなか来ない。そもそも日本人の若い子の数が減っているし、（アルバイト情報サイトに）求人広告を出しても反応は鈍い」

どうしてもシフトに穴が空いてしまう場合は、深夜でもオーナー自身が対応しているそうだ。

「これまで外国人を雇ったことはないが、今後は考えていかないと店が回っていかない。自分の身体も心配だ」

ちなみに東京都の最低賃金は時給958円（2017年10月）である。コンビニの新人アルバイトの時給は限りなく最低賃金に近い。このあたりのことを大学生の甥に聞くと、「コンビニは安いからあまり働きたくない」「同じ時給だったらカラオケボックスのほうがラクでしょ」

という答えが返ってくる。正直な答えだろう。まわりでもコンビニで働いている友人はいないらしい。

　一方、外国人スタッフは「コンビニのバイトは、対面でお客さんと話す機会が多いので日本語の勉強にもなる」「日本の文化を勉強するにもいい。だから工場で働くより楽しいし、効率的」「お店によっては廃棄のお弁当を食べていいから食費も浮く」という。

　日本人が敬遠するコンビニのアルバイトを外国人が引き受けているようにも感じる。言い換えれば、現代の日本人は、外国人の労働力によって便利な生活を享受しているということになる。（中略）

　外国人留学生に話を聞くと、アルバイトをしていない人を探すほうが難しい。2017年10月末時点の厚生労働省の集計（「外国人雇用状況の届出状況」）によると、日本にいる約27万人の外国人留学生のうち、「資格外活動（＝アルバイト）」をしているのは、約26万人。ほとんどの留学生が何らかのかたちでアルバイトをしていることになる。留学生アルバイトの数は5年前と比べて約2.5倍に伸びている。

　当然、外国人労働者全体の数も増加傾向にあり、この10年で約2.6倍に増加した。その数は、現在約128万人。届出が義務化されてから過去最高の人数だ。

　100万人を超える外国人はどのような職種で働いているのだろう。

　その割合を見てみると、もっとも多いのが「製造業」の30.2％（ほとんどが技能実習生である。技能実習生は留学生と違って、それぞれの事業所で個別の技術を習得する目的で入国しており、各事業所と雇用契約を結んでいるので、コンビニなど別のアルバイトをすることはできない）。

　製造業に次いで多いのが、コンビニやスーパーなどを含む「卸売業・小売業」の13％。そして「宿泊業・飲食サービス業」（12.3％）と続く。（中略）

　こうして見ると、すでに多くの業種で、現場に外国人労働者がいるのが当たり前の状況になっていることがわかる。

　たとえば、早朝のコンビニでおにぎりをひとつ買うとしよう。具は「いくら」でも「おかか」でも何でもいい。その物流行程を逆回転で想像してみてほしい。

　おにぎりを買ったレジのスタッフは外国人のようだ。

　その数時間前、工場から運ばれてきたおにぎりを検品して棚に並べたのも別の外国人スタッフだ。

　さらに数時間前、おにぎりの製造工場で働いていたのも6〜7割が外国人。日本語がほとんど話せない彼らをまとめ、工場長や各部署のリーダーからその日の業務内容などを伝えるスタッフも別の会社から派遣された外国人通訳である。

　そして、「いくら」や「おかか」や「のり」の加工工場でも多くの技能実習生が働いている。

　さらにその先の、米農家やカツオ漁船でも技能実習生が働いている可能性は高い。

　このようにコンビニのおにぎりひとつをとってみても大勢の外国人に頼っていることが容易に想像できる。

　大げさに言うなら、ユネスコの無形文化遺産に登録された「和食」もすでに外国人の下支えがなければ成立しないというわけだ。ダシとして和食の基本となるカツオ節やコンブの加工工場でも外国人が働いているわけだから。

　あまり人目に触れていないだけで、日本はすでに外国人の労働力抜きには成り立たない経済構造になっているのだ。日本人の生活は、すでに外国人労働者にすっかり依存している状況なのである。

　コンビニでよく見かけるようになった外国人スタッフは全国で約4万人いるが、それでも128万人という全体からすればほんの一部に

すぎない。（中略）

　在留外国人や外国人労働者が年々増加していることがわかったところで、彼らに対する日本政府の主な対応をまとめておこう。

　最初に確認しておくと、政府は2017年6月の「経済財政運営と改革の基本方針（骨太方針）」において、外国人労働者の受け入れについて「真摯に検討を進める」という表現を使ったが、「移民」の受け入れについては認めていない。もちろん「移民」に関する社会政策もなく、法制度も整っていない。安倍首相も再三にわたって「移民政策をとることは断じてありません」と明言している。

　しかし、これまで見てきたように、事実として日本で働く外国人の数は増えている。外国人の流入者数を見れば、すでに2014年の時点で、経済協力開発機構（OECD）に加盟する34カ国（当時）のうち日本は世界5位の「移民流入国」だという報告もある。

　にもかかわらず、政府は「移民」を認めていない。

　政府の方針をわかりやすくいえば、「移民」は断じて認めないが外国人が日本に住んで働くのはOK、むしろ積極的に人手不足を補っていきたい、ということだ。（中略）

　外国人の受け入れには積極的なのに、なぜ政府は「移民」の受け入れを認めないのか。ここであらためて「移民」という言葉について考えてみたい。

　じつは「移民」という言葉には国際的に統一された定義はない。日本の法務省や外務省にもこれまではっきりとした「移民」の定義はなかった、と言えば驚く人も多いのではないだろうか。

　一般的な会話の中で使われる「移民」のイメージは「経済水準の低い国から高い国へ入国して生活している人たち」を指すことが多いが、国連などの国際機関では、1年以上外国で暮らす人はすべて「移民」に該当すると解釈している。つまり、国連などの定義に照らせば、イ

チローも「移民」であり、日本に住んでいる約247万人という在留外国人はほぼ「移民」である。

しかし、2016年5月24日、日本は独自に「移民」を定義づけた。自民党が掲げた労働力確保に関する特命委員会の報告書「『共生の時代』に向けた外国人労働者受入れの基本的考え方」において、「移民」についてはじめて定義しているのである。

外国人労働者の問題に詳しい日本国際交流センター執行理事・毛受敏浩氏は著書の中で、その報告書について「外国人労働者政策の抜本的な転換を求める意味で画期的なものだった」としながらも、「移民」の定義については「世界的に見ても例のない奇妙な」ものだと述べている。

その定義とは——、「『移民』とは、入国の時点でいわゆる永住権を有するものであり、就労目的の在留資格による受入れは『移民』に当たらない」というものだ。

つまり、入国の時点で永住権を持っていなければ、正規の労働資格を得て10年以上日本に滞在し、国税や年金保険料を欠かさず納め、最終的に永住権を獲得したような外国人でも「移民」ではないのである。法務省の了解も得ている正式な定義だという。

報告書の中には、外国人の単純労働についての記述もある。

「介護、農業、旅館等特に人手不足の分野があることから、外国人労働者の受入れについて、雇用労働者としての適正な管理を行う新たな仕組みを前提に（中略）必要性がある分野については個別に精査した上で就労目的の在留資格を付与して受入れを進めていくべきである」

わかりづらい書き方をしているが、これは、将来的には制度を整えた上で、単純労働の分野でも外国人を受け入れる可能性があることを示したものと考えられる。

しかし、これほどまでに政府が「移民」という言葉を避ける理由は

何だろうか。改めて毛受氏に尋ねてみると、「一般の国民に“移民ア
レルギー”があるからだと思います」という答えが返ってきた。

「2016年にヨーロッパで立て続けに起こったテロ事件などが影響
して、『移民』＝犯罪者というような悪いイメージを持っている人が
多かったり、『移民が増えれば犯罪率が上がって、雇用の機会も奪わ
れる』というように、正しい理解がなされていないことも原因ではな
いかと思います。政府として“移民政策”を展開していくにはまだハ
ードルが高いのであれば、『移民』という言葉を使うのはやめて、た
とえば、“定住外国人政策”だったり、“アジア青年日本活躍事業”と
するのもよいのでは。『移民』という言葉にアレルギーがあるならそ
のほうが話は早いと思います」。

（芹澤健介『コンビニ外国人』による。ただし、出題に際しては原
文の一部を改めた。）

（北九州市立大・経済）


| 設問1 | 下線部①にある、いまコンビニに起きている“異変”とは
どのようなものと考えることができるか、本文に即して
100字以内で要約しなさい。

| 設問2 | 下線部②の、ある種矛盾した状況について、本文の内容に
即して300字以内で説明しなさい。

| 設問3 | 移民の受け入れに対するあなたの考えを500字以内で論
じなさい。


**解答のヒント**

設問1 ・ 設問2 は読み取り問題。課題文をまとめればよい。
設問3 は「移民受け入れ」について意見が求められている。これ

から受け入れるべきかどうかを論じればよい。日本の経済、政治、文化にとって、どのようなメリットがあるのか、移民の人権の問題も含めて考える必要があるが、欲張って書きすぎるのではなく、一つに絞ってくわしく説明する方がよい。

第7章

法・社会

問題編

**出題傾向**

　法学部はもちろんのこと、その他の社会科学系の学部でも出題される可能性がある。また、特に「民主主義」の理念については、文学部や教育学部などの志望者も知っておいて損はない。

# 第16講 人権と公共性

## 問題 16

次の文章を読んで、後の問いに答えなさい。

### 人権はなぜ、守られなければいけないか

人権はなぜ守られなければならないのか。長い議論の歴史がありますが、簡単に要約をしておきます。

まず、議論の出発点として、人権と（法律上の）権利と能力とを区別してください。

能力から説明しましょう。能力とは「何かができる」ことをいいます。たとえば、身体の性能によってできることがいろいろあります。隣の家に入り込んで、庭になっている夏みかんをもいで取ってきて食べることもできる。気に入らない人間を、殴ることもできる。やろうと思えばできることはいくらでもあるのです。そして、さまざまな人間の能力は、互いに衝突する関係にある。資源は稀少で、欲しがる人びとは多い。そこで、人びとが能力どおりに行動するならば、いたるところに争いがうまれるはずです。これをトマス・ホッブズは、「万人の万人に対する戦争」と表現しました。

権利（right）とは、人びとの行為の能力（可能性）のうち、法律によって正当化されているものをいいます。たとえば所有権は、モノを支配し、自由に使用・収益・処分してよい権利。この区画の土地、

この赤い自動車、この袋のなかのパンが、私の所有物であるということは、同時に、それがほかの誰かの所有物ではないということ。この土地なら土地が、私ならざるＡさんやＢさんの所有物ではなくて、ＡさんやＢさんがそれを自分のものとは思っておらず、私のものだと承認している、ということを意味します。法律は、誰もが正しいと認めるものなので、人びとの「これは私のもの、これはあなたのもの」という相互承認を保証することができ、土地や自動車や……を自分のものとして、排他的・独占的に使用することができます。したがって能力は、権利となったとき、はじめて自分に利益をもたらすことになります。法律はこのような権利を人びとの間に設定し、人びとの生きる手段と福祉とをうみだす力があります。このためにも、法秩序はどうしても必要なのです。

ふつうの権利は、法律によって与えられます。法律によって与えられるということは、法律によって奪うことができるということを意味する。

法律や手続きによって与えたり奪ったりできることを特に明示したい場合、その権利を、特権（privilege）といいます。特権というと、ただの権利よりも上等なもののように聞こえますが、じつはその逆で、権利よりも弱い。特別な理由で特別な手続きで、あるひとに与えた権利なので、その権利を奪うのも簡単なのです。

それに対して、法律や手続きによって奪うことが絶対にできない権利を、自然権（natural right）、あるいは基本権（fundamental right）といいます。

自然権、基本権は、近代の法哲学者たちがさまざまな論争のなかで必死に生み出してきた概念です。明治の日本では、「天賦人権論」というかたちで紹介されました。

自然権とはどういうものか。

「自然」とは、…〈中略〉…キリスト教文明の伝統では、「神が与えた」という意味。日本にはこの意味での自然の観念がないので、注意しましょう。神は、自然を造りましたが、自然の一部として、人間も造りました。そして、人間を造ったと同時に、その人間が生きていく能力と権利を一人ひとりに与えたと考えるのです。

そのあとで社会ができ、国家ができ、法律ができた。これらはぜんぶ、人間が造られたあと、人間が神に相談なくつくったもの（人間の業）です。であるからこそ、神が与えた権利（自然権）を、人間（政府や国王）が奪うことはできない。この考え方がベースになって、自然法思想が生まれました。

自然法思想のポイントは、法律や憲法が奪うことのできない人間の固有の権利が、だれにでもそなわっている、と考える点にあります。これこそ、人権とよばれるものです。

では、人権とは、具体的にはどのような権利でしょうか。

生命・身体の安全。所有権。幸福追求権。信仰の自由。集団結社の自由。言論の自由。表現の自由。信書の秘密。新聞・出版の自由。労働基本法。などなど。このリストは、だんだん長くなる傾向がありますが、どこの国の憲法でもだいたい一致しています。

　　　＊

このようにいくつもある人権は、横並びでなく、優先順位（序列）があることに注意しなければなりません。生命・身体の安全と、所有権を例に考えてみます。

所有権がなぜ大事か。モノの所有が保障されないと、生産の基盤が成り立たない。土地が所有できないと農業ができないし、商品が所有できないとビジネスができない。家族を営んだり平穏な社会生活を送ったりするのが困難になります。

しかし、モノを所有することは手段に過ぎない。それにくらべれば

自分の生命・身体は、生きていることそのものですから、なにをおいても守らなければなりません。そこで、生命・身体の安全が脅かされたなら、所有権を犠牲にしなければならない場合もないとは言えない。同じように所有権が脅かされたなら、それよりも派生的な権利、たとえば集会結社の自由や新聞発行の自由を断念しなければならない場合もないとは言えない、のです。

このように、基本的人権や自然権は、いくつもあるとしても、単に並列されているわけではなくて、その裏に優先順位が隠れています。ただしこの優先順位は自明ではない。信仰の自由は、所有権やことによると自分の生命・身体より大事だと考える人もいるかもしれない。また、基本的人権と基本的人権が、互いに矛盾する（両立しない）場合もあるかもしれない。いちがいに言うことはできないのです。

＊

政府は、なるべく多くの人びとの基本的人権を、なるべく十分に守るように行動する、という義務を課せられています。基本的人権の一部を制約するのが許されるのは、より重要で基本的な人権を守るため真にやむをえない場合に限られる、と考えるべきです。

通常、すべての人びとの人権は十分満足すべき水準で守られていなければなりません。しかし、状況が厳しく切迫している場合には、この政府の義務を果たすことができず、緊急的にその一部を確保するため残りの一部を諦めなければならない、ということもあるかもしれない。人権を守らなければならないのは、人民がそのように政府に要求するからです。そのために政府を樹立した。人権を守るのは政府の義務です。しかし、人権を実際に守れるかどうかは、政府の能力によります。政府の能力に限りがあるなら、人民の要求に応えられないということも起こりうる。自然災害や外敵の攻撃など、政府に責任のない状況下で、人民の人権が損なわれたとしても、政府のせいであること

にはなりません。

## 公共の利益は人権を上回るのか

　人権を考えるにあたって、もうひとつ重要な論点は、人権と公共の利益が対立した場合にどちらが優先されるかという問題です。

　政府それ自身も団体として行動している。政府の財産、政府の権限、それにともなう政府の都合があります。それから、政府が行なっている公共サービスを、きちんとやらなければならないという要求もあります。その国の人民全体の利益を、政府は代表し、代行しなければなりません。

　個々の人民は、自分ひとりのこと（せいぜい、家族や地域のこと）をまずまっ先に考え、主張する存在です。それに対して、政府は、その国の人民全体のことを主張する立場にあります。

　たとえば、どこか外国で、悪質な伝染病が流行しているというケースを考えてみましょう。

　この国の人民には、居住地選択の自由や移動の自由がありますから、自由に海外に渡航したり帰国したりすることは、憲法の保障する人権の一部です。政府がいちいち口をさしはさむ筋合いはない。しかし、そのため、病原菌やウイルスが侵入して、国内でも悪質な伝染病が流行して多くの人びとが死んだり病気になったりすることは、政府としては避けたい。そこで政府はどう考えるか。人びとの生命・身体の安全というもっとも基本的な権利を守るために、人びとの移動の自由を制限したほうがいいのではないか。そこで、伝染病がはびこっている地域への人びとの渡航を制限したり、その地域にいる日本人や外国人の帰国・入国を制限したりすることは、ありえます。

　こうしたケースでは、しかるべき法律を定めて、その法律によって、人権に対する何らかの制限を加えることになります。その根拠となる

のが、「公共の福祉」（「公共の利益」といってもだいたい同じ）です。全体としての利益（優先順位の高い人権）を守るために、一部の人びとに不利益（優先順位の低い人権の制限）を甘受してもらわなければならない。（中略）その不利益に対して、補償が必要なら、補償したほうがよいでしょう。けれども、どんな場合も補償できるとは限りません。また、補償すべきであるとも限りません。

　　　＊

　さて、伝染病の場合は、「公共の利益」の内容や、人権を制限する必要がわりに明らかですが、いつもそうとは限らない。「公共の利益」を理由に、人権に制約をかけることが、政府に自由にできてしまうようでは、そもそも守られるべきものとして定められた人権の規定が、無意味になってしまうのではないか。

　私はこう思います。「公共の利益」は、政府の都合（利害）であってはならない。それは、その国の人民の基本的権利の「総和」でなければならない。

　「総和」であるとは、どういうことかというと、全体と部分の間の矛盾がありうるという意味です。全体を尊重する場合に、一部に犠牲がしわ寄せされることもないとは言えない。極限的な場合、ギリギリの決断になることもあります。一万人を救うために、五百人を犠牲にするしかないというような。そんなことは、誰だってやりたくないけれど、そういうことをするしかないときに、誰かがそれをしなければならないとしたら、それは政府の職員だと思います。それをしなかった場合に何が起こるかということを、政府の職員は考える。

　こういう意思決定の場に居合わせるのが政府の職員だとすれば、政府の職員はいつでも、「公共の利益」と人権との間で起こる、矛盾と葛藤でいちばん苦しむひとのはずです。

　「公共の利益」は、人権を上回る、なにかある実体だと考えるべき

ではありません。「公共の利益」が損なわれるとは、おおぜいの人びとのもっとも基本的な人権が損なわれるという意味なのです。このため「公共の利益」は、人びとの人権（の一部）を犠牲にする可能性を秘めているのです。

このように考えるなら、政府が「公共の利益」のために人権を制限するのは、ひろい意味で人権を守る活動の一部であることがわかります。しかし、政府は、そのことを実証しなければならない。人権を制限することによって守られる、もっと大きな人権の全体としての「公共の利益」があることの、論証をする義務と責任が、政府にはあります。

〈後略〉

（出典：橋爪大三郎『国家緊急権』NHK出版、2014年：27-35頁。なお、出題にあたって、原文を縦書きから横書きに改め、常用漢字表にない漢字にルビを振り、原文の一部と脚注を省略し、太字体で強調された文字を通常の字体に統一した。）

（広島大・法）

問1 本文では、「権利」と「人権」の関係をどのようにとらえているのか、250字以内で説明しなさい。

問2 本文では「公共の利益」をどのように考えるべきだととらえているのか、「人権」の性質と関連づけて250字以内で説明しなさい。

問3 2020年以降、日本社会でも新型コロナウイルス感染の拡大を防ぐために、様々な行動やイベントが規制されてきた。このように「公共の利益」のために「人権」が制限されることについて、あなたが知っているその他の事象も含めて事例をひとつ選び、その制限が正当化されうる理由について推論し

た上で、あなた自身の判断を論理的に600字以内で述べなさい。

問1・問2は課題文の該当部分をまとめればよい。問3は新型コロナウイルス以外の例を選んで公共の利益のために人権が制限される理由を示したうえで、その判断を書くことが求められている。コロナ以外に人権を制限する必要のあるような重大な案件を思い浮かべてみる。「制限するべきだ」と書く場合には、自分の意見として、その理由を示す。「制限するべきではない」という立場で書く場合には、「このような理由で制限がなされるが、それは好ましくない」という方向で書けば、条件を満たすことができる。

# 第17講 民主主義を信じること

## 問題 17

**次の文章を読んで、あとの設問に答えなさい。**

　最終的に問われるのは、私たちの信念ではないでしょうか。厳しい時代においてこそ、人は何を信じるかを問われるのです。

　第一に、「公開による透明性」です。古代ギリシアで成立した「政治」とは、公共の議論を通じて意思決定を行うことへの信念でした。力による強制でもなければ、利益による誘導でもなく、あくまで言葉を通じて説得し、納得した上で決定に従いたい。これこそが、自由な人間にとって何より大切であるとする理念を、現代に生きる私たちもまた共にしています。そのためにも、情報の公開やオープンデータはもちろん、政策決定過程をより透明度の高いものにしていく必要があります。

　第二に、「参加を通じての当事者意識」です。私たちは、自分と関わりのないことには、いくら強制されても力を出せません。これはまさに自分のなすべき仕事だ、自分たちにとってきわめて大切な事柄だと思えてはじめて、主体的に考え、自ら行動する動機が生じます。逆に自分に深く関わることに対して無力であり、影響を及ぼすことができないという感覚ほど、人を苛（さいな）むものはありません。私たちは身の回りのことから、環境問題など人類全体の問題にまで、生き生きした当

事者意識をもちたいと願っています。民主主義とは、そのためにある
のです。

　第三に、「判断に伴う責任」です。政治においては責任の問題が不
可避です。一つひとつの判断が社会や人類の将来に影響を与え、場合
によっては多くの人々の暮らしや生死にかかわるだけに、政治的決定
には責任が伴います。といっても、責任を問われるのは、特別なリー
ダーだけではありません。ごく普通の人々が、自らの可能な範囲で公
共の任務に携わり、責任を分かちもつことが、民主主義にとって重要で
す。責任を負担として捉えるのではなく、自分たちにとって大切なも
のを預かり、担っているという感覚として理解するならば、それはむ
しろ人間に生きがいと勇気を与えるのではないでしょうか。

　個人は相互に自由かつ平等であり、それを可能にする政治・経済・
社会の秩序を模索し続けるのが人間の存在理由です。民主主義をどこ
まで信じることができるのか、それがいま、問われています。

（出典　宇野重規『民主主義とは何か』講談社現代新書、2020 年）

（愛媛大・法文）

設問　著者の見解を踏まえて、民主主義に対するあなたの考えを
500 字以内で述べなさい。

解答のヒント

　「著者の見解を踏まえて、民主主義に対する考え」を述べること
が求められている。課題文には、民主主義にとって重要な点として
3 つの点が挙げられている。制限字数が 500 字なので、3 つすべて
について書くことはできない。そのうちの一つを選んで、自分なり
になぜそれが重要であるかを説明するのが正攻法だ。3 つ以外の重

要点を選んで、それについて説明してもいいが、「著者の見解を踏まえて」と設問にあるので、その場合は、途中で「確かに、著者の見解も重要だ」という視点を加える必要がある。

第18講　**ロトクラシー**

**以下の文章を読んで、後の設問に解答しなさい。**

**代表制民主主義の危機と政治への不満**

　近年、代表制民主主義の危機が叫ばれるようになっている。

　例えば、欧米では、各国でポピュリズムが台頭している。2016年には、いわゆるブレグジット（Brexit）で、国民投票によりイギリスのEU離脱が決まり、アメリカでは過激な主張を繰り返すドナルド・トランプが大統領に就任した。

　こうしたポピュリズム現象の背景には、政治を支配する既存のエリートへの不満があると言われている。

　政治に対する不満は、日本も例外ではない。

　日本では、欧米ほどに深刻なポピュリズム現象は生じていないが、国会議員への信頼度は決して高くない。2019年1月の日本経済新聞の世論調査によれば、警察やマスコミ、自衛隊、裁判官などの8つの機関や団体、公職についての信頼度を尋ねたところ、国会議員は「信頼できない」が56％と最も不信度が高かった。

**市民の声は平等に代表されていない**

　こうした不信・不満が生じる背景には、社会的に有利な立場にある

人々の意見が反映されやすく、その結果、政治決定が一般市民の声と
乖離するという、選挙の構造的問題があるかもしれない。

　代表制民主主義は、人々に平等な選挙権と被選挙権を保障すること
で、国政に一般市民の声を反映するものであるとされる。しかしなが
ら、実際には、市民の声は平等に代表されてはいない。

## 中高年男性のための国会

　選挙制議会はしばしば、富裕層、中高年、男性といった属性の議員
で占められている。

　例えば、アメリカでは、日本の国会議員にあたる連邦議会議員の
44％が100万ドル以上の純資産を持ち、82％が男性で、86％が白
人、半数以上が弁護士や銀行員出身である（Guerrero 2014）。

　日本の国会も、中高年男性議員が大きな割合を占めている。

　まず、女性議員の割合は非常に小さい。有権者のうち、女性の割合
は51.66％だが（総務省HPより筆者算出：2019年7月21日現在）、
国会における女性議員の割合は、衆議院では9.9％、参議院でも
22.9％に過ぎない（内閣府男女共同参画局：2020年6月現在）。

　次に、若い世代の議員も少ない。国会の議員定数は衆参合わせて
710人（衆議院：465人、参議院：245人）だが、2020年12月7
日現在、20代の国会議員は0人で、30代も26人（3.7％）だけだ
（衆議院HPおよび参議院HPより筆者調べ）。

　25歳以上の日本人人口は、2019年10月時点で、9706.1万人で
あり、そのうち25〜29歳は6.0％（586.2万人）、30代は14.2％
（1380.4万人）を占めていることを考えれば（総務省統計局HPより
筆者算出）、国会では若年層の代表が明らかに不足していることがわ
かる。

　議員の発言力には当選回数の影響が大きいことを鑑みれば、実際の

人数以上に、若い議員の影響力は小さいことが推測される。

こうした議会構成の偏りは、そこでなされる意思決定にも影響を及ぼしていると考えられる。

例えば、アメリカの連邦議会の意思決定は、富裕層の支持する政策ばかりを実現してきた。ある政策について、貧困層と富裕層の意見が対立している場合、政策決定者は富裕層の意見に沿った政策を実現し、更に、政策に対する貧困層と中産階級の意見がほぼ一致していて、それら二つの階級の意見（つまり多数派の意見）と富裕層の意見が対立している場合も、政策決定者は富裕層の意見に沿った政策を実現している（Gulens 2012）。

日本においても、女性議員の少なさが、選択的夫婦別姓など、主に女性が関心を持っている政策が争点化されにくい原因として指摘されている。

## 「ロトクラシー」の魅力

こうした選挙による代表制民主主義の問題点が認識される中、欧米で注目を集めているのが「ロトクラシー（lottocracy）」だ。

ロトクラシーとは、選挙ではなく、「くじ引き」で（国会）議員を選ぶという、「抽選制」民主主義構想である。

ロトクラシーの最大の魅力は、選挙による民主主義とは異なり、一般市民の声を等しく政治に反映できるということだ。

ロトクラシーでは、一般市民から無作為抽出で国会議員を選ぶことで、人々は国会議員になる平等な機会を持つことになる。これにより、特定の属性の人々が過剰に議会に代表されたり、反対に過少に代表されたりという事態は生じなくなる。

重要なのは、ロトクラシーの議会は、全体人口の縮図を実現することである。このことは、有権者から統計的に十分な人数の国会議員が

無作為抽出で選ばれる場合、国会は、性別や年齢などの属性や、個別の政策の支持・不支持の分布を、有権者人口における割合に比例して代表できるということを意味する。

　ロトクラシー議会が全体人口の縮図になるのは、無作為抽出の効果である。無作為抽出のイメージとして、鍋で作ったスープを味見することを想像してほしい（Callenbach and Phillips 2008）。

　スープを味見するとき、私たちはスープをよくかき混ぜた上で、スプーンで1杯だけすくって味見をする。スプーン1杯だけで十分なのは、スープが均等に混ざっている場合には、スープのどこをすくっても、同じ味だからだ。世論調査ではわずか1000程度の回答だけで、約1億人の有権者の内閣や政党の支持率がおおよそわかるのもこれと同じ原理である。

　したがって、国会議員を一般有権者から無作為抽出すれば、国会議員の様々な属性の比率は、有権者全体のそれとおおよそ一致することになる。

　結果として、ロトクラシー議会では、選挙制議会で過少代表されている貧困層、女性、若年層などの利益が適切に代表されるとともに、あらゆる政治決定に、有権者全体の意見が等しく反映されることが期待される。

　　　（中略）

## 「素人」の決定は安全か

　とはいえ、現代の大規模な国家において、くじ引きで代表者を選ぶというのは、あまりにも荒唐無稽に思われるかもしれない。世界的にポピュリズムが問題視されていることを考えれば、「素人」である一般市民に複雑な意思決定を任せるのは危険すぎるのではないだろうか。

　しかしながら、そうした懸念は杞憂である。なぜなら、ロトクラシ

ー議会における意思決定の環境は、ポピュリズムをもたらすような、通常の選挙における意思決定の環境とは全く異なっているからだ。

　通常の選挙において、市民が誤った意思決定を下してしまう大きな原因は、市民に無数の情報を一つ一つ吟味する時間がないことである。

　人々には、仕事や家事など、優先すべきものがたくさんあり、また、自分の一票が結果を左右することはほとんどないため、投票のためだけに十分な情報を集めるインセンティブ（誘因）がない。そのため、不確かな情報に踊らされて、誤った決定を下してしまうという事態が生じやすい。

　それに対し、ロトクラシー議会では、無作為抽出された市民は、専門家からの情報提供を受けた上で、時間をかけて熟議し、意思決定を下すことができる。必要な情報が与えられ、それを吟味する十分な時間が確保されるので、適切な意思決定を下すことが可能なのである。

## 存在感を増す「ミニ・パブリックス」の実践

　実際、「ミニ・パブリックス」と呼ばれる無作為抽出された市民の会議が、様々な意思決定の場面で用いられるようになっている。そして、驚くべきことに、それらは非常にうまくいっている。

　例えば、カナダのブリティッシュ・コロンビア州（2004）とオンタリオ州（2006-7）では、無作為抽出で選ばれた市民が選挙制度改革案について議論し、その提案が住民投票にかけられた。

　残念ながら、改革によって不利になることを恐れた既成政党の抵抗もあって、住民投票は否決されたものの、その提案内容自体は非常に優れたものであった。

　アイルランドでは、2013年に、66人の市民と33人の政治家による憲法会議が実施され、そこでの提案を受けて、住民投票が実施さ

れ、2015年に同性婚が可能になった（レイブルック 2019）。

　最近では、フランス（2019-20）とイギリス（2020）で、それぞれ無作為抽出された市民による気候市民会議が実施されている（無作為抽出された市民による気候市民会議は現在、札幌市でも小規模ではあるが実施されている（気候市民会議さっぽろ 2020））。

　こうしたミニ・パブリックスの多くは助言的な役割にとどまっているが、徐々に意思決定プロセスにおける存在感を増してきている。

## 司法だけでなく、立法も

　くじ引きとの関連で忘れてはならないのは、司法における市民参加である。無作為抽出された市民が司法に参加する陪審制は、イギリスやアメリカで伝統的に行われており、日本においても、2009年に裁判員制度という形で導入された。

　裁判員裁判では、殺人をはじめとする重大犯罪について、専門職の裁判官とともに、満20歳以上の有権者から無作為抽出された裁判員が審理する。日本経済新聞によれば、2019年3月末時点で、約12000件の裁判員裁判が開かれ、裁判員68165人、補充裁判員23177人が選ばれた。

　つまり、司法の領域では、「素人」である一般市民が、日常的に人の生き死にに関わる、困難かつ重大な意思決定に参加しているのである。

　「司法」の領域で、市民が意思決定に参加することが許容されるとすれば、より直接に市民生活に関わる意思決定を行う「立法」の領域において、市民の参加を認めない理由は乏しいのではないだろうか。

## 政治家だけに政治を任せる時代の終わり

　もちろん、無作為抽出された市民が選挙政治家に完全に取って代わ

るというのは、現実的ではないだろう。

　選挙による代表制民主主義には200年以上の歴史があり、日本においても、1890年の国会開設から数えて、実に130年にわたる選挙制の歴史がある。こうした、選挙制の歴史を鑑みれば、それが一朝一夕に変わるとは考えにくい。

　しかしながら、もっと広い目で見れば、古代ギリシャ以来、2500年にわたる民主主義の歴史の中で、選挙とともに、くじ引きが重要な役割を担ってきたのも事実である。

　そう考えると、選挙による代表制民主主義が危機に陥っている現代、くじによる代表でそれを補完するというのは、ある意味で自然な流れだといえる。

　つまり、無作為抽出された市民代表が選挙政治家に取って代わるのは難しいとしても、裁判員制度において、専門職の裁判官と市民の裁判員が協働しているように、選挙政治家と市民代表が協働するという形で、選挙の欠陥を補うというのはより現実的ではないだろうか。

　裁判員制度は、裁判に「国民の健全な社会常識」を反映することで、司法に対する国民の信頼を高めることを目指して導入された。しかしながら、「国民の健全な社会常識」を反映すべきなのは、むしろ立法の領域、国会ではないだろうか。

　実際、冒頭で述べた日本経済新聞の調査でも、裁判官などに比べて、国会議員の信頼度は低いことが明らかにされている。このまま政治に対する信頼低下が続けば、ポピュリズムの台頭により破局的な事態が生じるかもしれない。

　そうした事態を防ぐためにも、無作為抽出された市民の参加によって、国政に「国民の健全な社会常識」を反映し、政治に対する信頼を回復する必要があるのではないだろうか。

　政治家だけに政治を任せる時代にも終わりが近づいていると言える

かもしれない。

出典：山口晃人「くじ引きで国会議員に？ 『ロトクラシー』という
オルタナティブ：選挙は市民の声を反映できているか」（講談社現代
新書ウェブサイト https://gendai.media/articles/-/78111、2020
年）。
なお、出題にあたって、一部の表現を変更している。

（香川大・法）

設問1　筆者は、政治の「素人」である一般市民が、選挙で誤った
意思決定をしてしまう一方で、ロトクラシーの下では適切
な意思決定ができるのは、なぜだと考えているか。200
字程度で説明しなさい。

設問2　選挙による代表制民主主義と対比しながら、ロトクラシー
に対するあなたの考えを500字程度で自由に述べなさい。

**解答のヒント**

　設問1　は、「なぜ」が問われているので、最初にズバリと答え
て、それをくわしく説明するのが最もわかりやすい。設問2　に
ついては、本当に課題文で説明されているようにうまくいくかどう
か、もしかしたら悪用されはしないかと考えてみると論点が見つか
るだろう。また、現在の選挙制度の問題点を考えることによっても
論が深まるだろう。

# 第8章

## 情報化

### 問題編

**出題傾向**

　近年、情報技術を専門に扱う学部や学科を新設する大学が増えている。こうした学部・学科で出題されるのはもちろんだが、このテーマはあらゆる分野にリンクするので、法・経済・文学・教育など、ほぼ全ての学部・学科で出題される可能性が大いにある。

# 第19講 チャットGPT（オリジナル問題）

## 問題 19

**つぎの文章を読んで、後の問いに答えなさい。**

アメリカの Open AI 社が開発したチャット GPT が世界に衝撃を与えている。ちょっとした質問や要望を入れると、たちどころに文章を作成し、プログラミングもプレゼンも、就活者向けの志望理由書も、果てには小説までも書いてくれる。AI が世界中のネット記事から必要な情報を集め、それをまとまりのある文章として示してくれるらしい。

これは間違いなく人類にとっての脅威だと思う。ひとことで言ってしまえば、まさしく人間が必要でなくなる社会の到来だ。すべての仕事を AI ができるようになり、人間は AI よりも下位に置かれる。人間が AI の奴隷になってしまうという SF でおなじみの設定が現実のものになる。人間存在そのものの危機だ。よほど叡智を集めないと大変なことになる。

いや、そんな先のことよりも、私が身を置く教育の世界では、明日からどう対応するべきか悩ましい。学生がこれを使ってレポートを書いてきたらどうするか、そもそも教師よりもチャット GPT のほうがずっと良い指導ができるのではないか。そのうち教師はいらなくなるのではないか。AI が何もかもやってくれるのなら、学習も教育も不

要ではないか。

　とはいえ、チャットGPTの作成した文章を読むにつけ、あとしばらくの間は人間の方が優位でいられそうだという確信を持つこともできる。

　チャットGPTの作る文章は今はまだ論理的不整合があったり、掘り下げが甘かったり、他人の文章からの無断引用があったりするが、きっとそれについては近いうちに改善されるだろう。だが、文章を書くという行為の本質を考えた時、やはりAIには越えられないものがあるのは間違いない。

　端的に言って、私は文章を書くとは、高度なコミュニケーションだと考えている。一般的に正しいと思われていることを一般的な手段で書くのではない。論理的に思ったことをまっすぐに伝えるだけではない。思っていることをそのまま書くわけではない。どう書けば自分だけの考えが伝わるか、どう表現すれば誠意が伝わるか、読み手は納得してくれるか、共感してくれるか、どう読み手の心を動かすか。そのようなことを考え、表現を工夫して文章にする。読んでいる人を思い浮かべながら、その人に向けて自分の考えを書く。それが文章を書くということだ。

　チャットGPTにはそれはできない。チャットGPTはその人その人に合わせた文章を書いてくれない。誰もが納得できる一般的な文章しか書いてくれない。チャットGPTは文章の本質に迫ることができない。

　かくなるうえはチャットGPTを禁止するわけにはいかない。上手に利用するしかない。だったら、自分らしい文章を書く前の、一般的な考えを知るための手伝いをしてもらうのがうまい方法だろう。

[問1]　**全体を200字以内に要約しなさい。**

問2　教育の場でチャット GPT を禁止している学校、許可している学校など様々です。教育の場でチャット GPT を用いることについて、あなたはどう考えますか。600字以内でまとめなさい。

**解答のヒント**

　問2　は、「教育の場でチャット GPT を用いること」について答えることが求められているので、その是非を考えればよい。教育効果はどうなのかを自分の体験をもとに考えてみる。また、禁止したり制限したりすることが現実的に可能なのか、もし利用するとすれば、どのような方法が考えられるかなどを考えたうえで判断する必要がある。

第20講　ポスト・トゥルース

問題 20

次に掲げるのは、西谷修『私たちはどんな世界を生きているか』〈講談社現代新書〉（講談社、2020年10月）の冒頭の一節である。よく読んで後の問に答えよ。

**現在の厚みを振り返る**

　そんなわけで、まずは今の日本が世界の中でどうなっているかといったことを見ていきたいと思います。ただし日本と言うとき、世界との関係では一つの政治的単位ですから、それは政治的な、つまり「ポリス」的な——政治というのはもともとはポリスに関わる事柄と言った意味です——課題であり、かつそれが国際的な環境のなかにあるということを押さえておきましょう。

　もう一つは、いわゆる文明の発展というものがどんな節目を経てきているのか、そしてそれが今のような国際関係として構成された世界の中でどのようにせめぎ合っているのかということです。

　私たち一人ひとりはもちろん、個人の私的な生活を生きているつもりでいます。しかしそういう私的な生活はどのような枠づけや条件のもとに営まれているのか、その枠組みはどうなっているのかを考えてみたいわけです。

　そのためには、現在の状況を形づくってきたプロセスを多少はたど

らなくてはなりません。つまり、歴史的に考えてみるということです。それでないと現在の厚みは捉えられませんから。現在とは扁平な面ではなく、それ自体が厚みをもっています。その厚みを、時間の軸を少し長めにとって探ってみることが必要です。

ただし、歴史的にたどるという時も、さまざまな時間の尺度のとり方があるでしょう。

科学技術の発展については、節目がどこにあるかが割とはっきりしていますが、社会のあり方を歴史的に振り返るときには、政治的・社会的な枠組みを設定したうえで、目安になる出来事の意味を確認していかなければなりません。だから、政治社会的な意味を見定めてそれを指標にしてゆくことになります。

### 真理の崩壊

歴史的に振り返るというときに、その歴史あるいは出来事の意味づけをどうやって確かなものにするかという課題は当然入ってきます。ところが面倒なことに、今はその足場が崩れている。というのは、いわゆるポスト・トゥルースと言われるような状況が生じてきて、何が確かなことなのかという目安自体が、揺るがされているからです。

「ポスト・トゥルース」とは、アメリカでトランプ大統領が誕生した年に、オックスフォード英語辞典の「今年の言葉」に選ばれて有名になった表現です。要するに、「真実が通用する時代は過ぎ去った」、「もう真実かどうかには価値がない、情報としての価値はない」ということです。

ドナルド・トランプはおおかたの大手メディアの予想に反して当選しました。そのとき、既成のメディアが流す情報よりも、ツイッターやフェイスブックで流される、事実確認や裏付けのない情報、あるいは故意の捏造情報が人びとの投票行動を左右したと言われ、そのメデ

ィア状況をこの言葉がうまく言いあてているということです。

　実際、大統領就任式では、オバマ前大統領の時はホワイトハウス前の大通りが一〇〇万人の人で埋め尽くされたのに、今回は二〇万人しか集まらなかったとメディアが報じると、トランプ新大統領のスポークスマンは、報道されたのとは別の写真を示し、これが「オルタナ・ファクト」（主要メディアが流すのとは別の事実）だと主張します。

　そうすると、選挙に勝って正統性を得た大統領府がそう言うわけですから、もうひとつの「真実」の方は"真実"としての通用力を揺るがされてしまいます。その「真実」に固執すると、それは「フェイクニュース」だと決めつけられます。あとは政府・政権と大手メディアの乱打戦になります。「真実」を支える軸が取り払われてしまったのです。

　日本語では「真理」と「事実」は区別されていますが、「事実」を「真実」に言いかえると、両方とも「真」に関わるということになります。本当かどうか、本物かどうか、ということです。ものごとを人びとが議論したり、相互理解したりするときの、やりとりの軸になる、みんなが受け入れて議論の展開のベースにするような、コミュニケーションの拠り所のようなものが「真」あるいは「真理」です。

　いろいろなレベルの「真理」があります。信仰の真理もあれば科学的真理もある。けれども今では、あらゆる「真理」が社会的な情報のなかに一元化されて、電脳化されたコミュニケーションの場に流れ出ています。

　新聞を読んでも、本を読んでも、情報の処理はデジタル化されていますから、そちらがデフォルトです。その電脳の海に、言説の柱が溶けて漂っているというわけです。まあ、知の商品化とか——売れる知識がいい知識——、実物よりPRとか言われて、だいぶ前から「真」の劣化は始まっていたのですが。

先ほど、現在の厚みを測るために歴史を振り返る、と言いましたが、まさにその歴史を語るに際しても、真理の構造が掘り崩されていて、言いたい放題になっています。いわゆる「歴史修正主義」と言われるものですが、「アウシュヴィッツにガス室はなかった」とか、「南京大虐殺が……」とか、「放射能に負けない……」とか、言いたい放題。まるで言葉がゲンコツであるかのように、互いに言い合うだけの状態になっているのです。

## 感情的反応と反復の強度

なぜそんなふうになったかといえば、やはり情報テクノロジーによるコミュニケーション空間の変質が決定的でしょう。

たとえば、人びとが議論をするとき、あるいは考えるとき、言葉で結びついたコミュニケーションの場があります。議論が成り立つために従わなくてはならない決まりとか、これは真実として受け入れなくてはならないとか、見えない規範のようなものが作用しています。それに則ることで議論は成り立っていました。

その規範、拘束の最も基本的なものが「AはAである」といった縛りです。赤を黒と言ってはいけない、サルをイヌと言ってはいけない。あるいは「白も黒も同じ」ではまずい。もちろん、どうしてAはAでないといけないかと問うてもいいのですが、そのときにも議論のベースでは「AはA」です。そういう縛りがみんなに共有されて、それでコミュニケーションは成り立ちます。「真理」もそんなところに関係しているわけです。

ところが、この条件をインターネット、デジタルIT技術が大きく変えました。

ネットがないときには、情報発信にはいろいろな回路とプロセスがありました。活字情報として流通させるためにも手続きがあって、一

人ではなかなか難しい。編集という作業もある。いわば「公共」のふるいがかかっていたのです。こう言ったほうが受けるという商業ベースの配慮が働いたとしても、それは顧客を引きつけるだけの質があるかどうかなど、情報の選別、ふるい分けが作用していた。

　ところがインターネットとくにSNSによって、誰もがそんなフィルターなしに発信できるようになった。そのプラットホームを提供する業者もいます。それが現代の成長セクターですね。

　もちろんそれは情報発信のデモクラタイゼーション（民主化）であって、良い面もあります。ただし、情報がすごく多くなります。そのため、いわゆる折り紙付きの情報とそうではないものとが無差別に溢れます。多くの人が多くの情報に接するようになると、論理的な手続きを経るとか信頼度を気にするとかよりも、「あっ、これいいじゃん」「そうなのか」と、自分の好みや気分に合うものに対してすぐに反応してしまう。

　だから、ウソだろうがデマだろうが、うまく反応を誘ったものが流通するようになる。その反応が情報発信者を励ますだけでなく、多くの場合、情報発信にコマーシャルがついていたり、スポンサーがついたりして利益にも結びついている。

　正確さとか信頼性だとかは情報流通のなかで第一義的な価値ではなくなり、好みや気分に合ったものがネットのなかでどんどん反復・増幅されていくことになるわけです。

　感情的反応ということがよく言われますが、要するに論理的とか、妥当な情報を見分ける慎重な判断は、このような情報流通の実勢の中であまり意味を持たなくなります。

　意味内容やそれに対する検証、あるいは信頼度といったことではなくて、反復の強度の強いものが流通力を持ち、そのこと自体が情報の価値になってゆきます。その価値は抽象的なだけではなく商品価値で

もあります。

　すると情報は、もはや真実かどうかを支えにしなくてもよい。それとは違った形で情報が流通・増幅されるということが、技術的可能性が開いたコミュニケーション状況のデフォルトになっているのです。

## 言えなかったことが言える

　デジタル化以前にもその徴候はありました。まず情報のPR化であり、ついで商品化です。PRは人をモノに惹きつけるための情報です。それから、情報そのものが商品化されます。それは、たとえばテレビのニュースの視聴率評価、といったところに現れます。視聴率をとるために娯楽性を高めるとか。そういう前段があって、ネットがその流れを物理的なインフラから解放したということですね。

　そこでもうひとつ特徴的なのは、「公私」の区別がなくなるということです。私的なツイートがそのまま外に出てゆくことになりますから、もう「公私」の区別はありません。

　こんなこと言ったらまずいとか、恥ずかしいといったことが、どんどん発信できるようになります。コミュニケーションでの公共性の敷居が取り払われたのです。事実とずれたところに恣意的な標的を作って、そちらに人びとの敵意を流すといったことも平気でできるようになる。そしてその恣意は「表現の自由」を盾にするということです。

　政治家の公式スピーチよりもツイッターの方が注目される。そっちが「本音」だとみなされるからです。「本音」を言う、つまり社会的には「抑圧されていた」ものの蓋が開いてきたということです。それが「ポスト・トゥルース」の状況です。

　このように、情報のステータスがガラッと変わって、私たちはそれに頼れなくなったのですね。情報テクノロジーが万人化したがゆえに、そして情報空間が市場化・自由化されているがゆえに、逆にそういう

ことになってきた。

　だから、未来が見えない不確定な状況というのは、そのことを考えようとするときの土台そのものも揺るがしている。だからこそ、私たちの生きている世界がいまどうなっているか、その足場を少し歴史的にたどって測ってみようというのが本書の狙いです。

注　デフォルト＝コンピューターや、コンピューター内蔵の家電機器などの出荷
　　時の数値、初期設定。ここでは「通常の状態」程度の意に用いられている。

（熊本県立大・文）

問1　「ポスト・トゥルース」のような、事実・真実が軽んじられるような時代においては、正確性や信頼性のある情報よりも、好みや気分に合致した情報の方が価値を有するようになったと指摘されている（本文後半の下線部分）が、その要因について300字程度でまとめよ。

問2　「真理」が失われることで生じる具体的な危険性について説明した上で、「ポスト・トゥルース」のような時代傾向・風潮への抑止力・対抗策を500字程度で論じよ。ただし、本文の論旨を踏まえた上で、必ず「歴史」「言葉」「規範」の3語を使用し、各語には傍線を付すこと。

**解答のヒント**

　問1 は読み取り問題。問2 は、対策を示すことが求められている。第1段落で自分なりの対策を示して、それを検証する形を取れば書きやすい。3つの言葉を使って書くことが求められている。この3つの言葉は、答えのヒントと考えるとすっきりと答えられる

だろう。

# 第9章

# グローバル化

## 問題編

**出題傾向**

　グローバル化は、政治・経済、文化など、様々な領域にかかわるテーマ。したがって、法、経済などの社会科学系と、文学、教育などの人文系のどの学部でも出題される可能性が今後もかなり高い。

# 自然と文化の危機

次の文章Aは地球上にみられる文化多様性、Bは生物多様性と文化多様性との関係、Cは現代における生物多様性と文化多様性の危機について論じたものである。これらの文章をふまえて、以下の問1〜3に答えなさい。

**A**

　文化という言葉は多義的でさまざまな定義があるものの、2001年11月にUNESCOの総会で採択された「文化の多様性に関するユネスコ世界宣言」によると、「文化とは、特定の社会または社会集団に特有の、精神的、物質的、知的、感情的特徴をあわせたものであり、また、文化とは、芸術・文学だけでなく、生活様式、共生の方法、価値観、伝統及び信仰も含むものである」と定義されている。その上で、「文化は時間・空間を越えて多様な形を取るものであるが、その多様性は人類を構成している集団や社会のそれぞれの特性が、多様な独特の形をとっていることに表れている。生物における種の多様性が、自然にとって不可欠であるのと同様に、文化の多様性は、その交流・革新・創造性の源として、人類にとって不可欠なものである。こうした観点から、文化の多様性は人類共通の遺産であり、現在および未来の世代のために、その意義が認識され、明確にされなければならない」

としている。

**B**

　それぞれの文化は*生物相を一要素とする地域の風土に即して形作られてきた。一方、人々の生業や社会システムを支えるものは生物多様性であり、逆に、人々が生物多様性を利用することで地域の生物相や景観を改変する。また、人間の生活空間における生物相には、人間が持ち込んだ栽培植物や園芸植物、家畜、伴侶動物などをはじめ、文化が作り上げてきた生物やその生息環境といった要素が含まれており、①人間の文化と生物相は相互に密接に影響を及ぼしあって変化してきた。生物多様性と文化多様性の相互作用の結果として生じる生物文化多様性の射程にはさまざまな分野が含まれる。たとえば言語の中には自然に即した言葉や概念が見出される。生物多様性が豊かであることによって、生き物を表象する言葉や概念が形成されて文化多様性を高めている。他にも作物や家畜、景観、信念などが生物文化多様性の例として挙げられる。

＊特定の地域に生息・生育する生物の種類

**C**

　現代社会では、生物多様性も文化多様性も共通の原因で喪失している。文化の均質化と単純化を推し進めているのと同じ力、たとえば多国籍企業や農業の近代化、グローバルな市場といったものが、生物相の均質化と単純化を進めている。この半世紀、世界各地で地域の生物資源で衣食住とエネルギーの大半をまかなってきた生活が消えていき、そのかわりに低廉なエネルギーを使って、地域の気候風土とは必ずしも調和しない生活を受け入れてきた。蒸し暑い日本の夏に背広とネクタイを着用する衣生活や、北極圏で100％輸入に頼るコムギと牛肉を

使ったハンバーガーを常食する食生活、熱帯域や亜熱帯域でわざわざ気密性の高い建物に住んで冷房を効かす住生活は、そのわかりやすい例といえる。

　もちろん、グローバル化によって、豊かで便利な生活が普及し、飢饉や災害には即座に海外からの援助を得ることができ、多くの人々が最新の科学や薬学の恩恵を受けるようになった。しかし、それは資源やエネルギーを際限なく消費し、大気や土壌、水中に化学物質や汚染、温室効果ガスを多量に排出する生活でもある。それにもまして、②グローバル化した市場における競争を通じて地場産業が衰退し、地域の有用資源が使われなくなり、地域間・地域内の経済格差が広がっている。このような経済原理に沿った、わたしたちの行動そのものが、地球温暖化や生物多様性の喪失などの地球環境問題を産み、経済成長がもたらす利益の公平・衡平な享受を妨げ続けているといえる。

（文章Ａ～Ｃの出典：今村彰生「生物文化多様性とは何か」
（文一総合出版、2011 湯本編『シリーズ日本列島の三万五千年――人と自然の環境史　第1巻　環境史とは何か』）、55～73 ページ（一部改変））

（千葉大・園芸）

問1　下線部①の人間の文化と生物相の相互作用について、具体的な例を挙げ、150 字以内で説明しなさい。

問2　下線部②の結果、地域の生物多様性が減少した具体的な例をあげ、150 字以内で説明しなさい。

問3　集落とそれを取り巻く田畑、雑木林、ため池、草地などで構成される里山では、グローバル化の進展にともない生物多様性と文化多様性が失われつつある。このような状況において、里山を保全・利用するためにどのような方策が必要か、あなたの考えを 400 字以内で説明しなさい。

問1、問2は具体例を示すことが求められている。テレビや新聞などで見聞きしたことを思い出してみる。問3は里山を保全する方策を示すことが求められている。どのような制度、法律、働きかけが必要かを考えてみる。400字なので、二部構成を用いて、初めに自分なりの方策を示して、その後にそれを詳しく説明する形をとるとよいだろう。

エスディージーズ
# SDGs

問題
## 22

以下は、SDGs（持続可能な開発目標）について書かれた文章である。まず、コロナ後の世界でSDGsが担う役割について、著者の考えをまとめなさい。次に、コロナ後の世界における取り組みについて、あなたの関心のある事を挙げながら、社会もしくは個人がすべきことをSDGsと関連づけて、あなたの考えを述べなさい。解答は、800字以上1000字以内で記しなさい。

　新型コロナウイルス対策の影響で、経済や社会は大きなダメージを受けた。対照的に、大気や海の環境は改善され、汚染も減った。ヴェネツィアの水が透明度を増したというのは象徴的だ。ポスト・コロナの挑戦は、大きなダメージを受けた立場の人々を優先しながら経済を回復させ、同時に環境の改善を継続し、さらに強化することにある。新型コロナウイルス対策によって進んだ働き方の改善や多様性の確保は、一気に変革定着へとつなげたい。風評などに起因する差別意識や人権侵害は根本から改善する必要がある。医療の質やアクセスの向上は、そもそも高齢化社会に進むなかで重要だといわれていたことでもある。その点を踏まえてしっかりと整備する。……

　やるべきことは枚挙に暇がないが、そういった事柄がチェックリストのようにすべて書かれているのが、SDGsである。グローバル化の

負の側面を体現し、瞬く間に世界に広がってしまったのがコロナウイルスだ。これに対して、グローバル化を見直して、地域から持続可能な社会づくりをしていく視点をもとうというのは、SDGsが地方創生の文脈で進めようとしていることである。そもそも宿主がいなければ生きていけないウイルスは、宿主が消滅の危機に瀕したとき、別の宿主を探しはじめるという。つまり、パンデミックは行き過ぎた地球の破壊が引き起こしたという見方もできる。その修正の方向性もまた、SDGsは示している。そして何よりも、ウイルスが助長し、あるいは分断した、人と人との関係を再構築する方向性も、SDGsは示している。

　カネ、ヒト、地球のいずれにおいても、コロナ後の世界こそ、SDGsを道しるべとした、再生戦略を立てるべきときであろう。再生戦略は、政府や行政だけの仕事ではない。個々人の再生戦略である。その先の未来に進むために、SDGsは重要な役割を担う。

（出典）蟹江憲史『SDGs（持続可能な開発目標）』中公新書、
　　　　2020年、252-254頁。
　　　　原文は縦書きだが、問題文では横書きに変更した。

（静岡県立大・国際関係）

### 解答のヒント

　「あなたの関心のある事」「社会または個人がすべきことをSDGsと関連づけて」とあるので、たとえば自然環境や人間の健康、平和、教育などSDGsの項目に含まれている事柄を思い出し、そのうち最も関心のある事柄を選んで、それが持続可能な社会の実現によって改善できること、そのためにどのようなことを人がするべき

なのかを説明すればよい。いくつもの事柄を書くような指示がある
ので、どの段落にどの内容を入れるかを考える必要がある。

第10章

生命・医療

問題編

**出題傾向**

　医学、歯学、薬学、保健学など、医学系の学部で出題される可能性が非常に高い。その他、社会学系の学部でも倫理的な判断を問う形で出題されることがあるので、常識的なレベルの議論については知っておく必要がある。

# 第23講　QOL（クオリティー・オブ・ライフ）

## 問題 23

**以下の文章を読み、図1、図2を参考にして、問に答えなさい。**

　私が宗教を研究していると知って、知人が質問をしてきたことがある。

　「織田信長は「人生50年」とか言っていますよね。あの時代には人間は50年しか生きられなかった。でもいまは80年ですよね。となれば、人間は30年分賢くなっていなければいけないですよね。その分人生について考える時間ができたわけだし。それも人生経験をたくさん積んできた老年期の30年なわけですから。でもみんな80年も生きているのに、何て言うのかなあ、こう「魂の進化」って言ったら大げさだけど、人間の生き方がそれだけ深くなったって感じが全然しないのは何故なんでしょう？　織田信長の時代で人生50年ですから、キリストとか仏陀の時代とかはもっと人生短いわけでしょう。なのにあれだけの思想が生まれているわけで。仏陀の時代よりわれわれは何十年も長生きしているんだったら、考える時間はたっぷりあるわけだから、みんなが悟っちゃえるような時代になってもいいわけじゃないですか。それなのに、みんな80年も生きていて、こんなありさまだとはねえ……」。

　平均寿命が80年を越えているにもかかわらず、人生何年生きられ

第
10
章

第
23
講
／
Q
O
L

るかという「数字」を伸ばすことだけを考え続け、一年でも平均寿命が延びればそれだけ幸せになると考えるのはほとんど滑稽と言っていい。むしろ問題は、それだけ伸びた人生の時間をどのように満足して過ごすかということなのではないか。

数字という「量」的世界の拡大を追い求めるのではなく、人生の満足、「生きる意味」といった「質」的世界の充実を求める方向へと転換すること。それは既に私たちの多くが気づいていることであろう。もう「量」はいい、これからは「質」の時代だと。

私は、その世界観の転換を「数字信仰からQOL社会へ」という言葉で捉えてみたい。QOL（クオリティー・オブ・ライフ）とは既にご存じの方も多いと思うが、1980年代後半から医療の世界で注目されるようになった概念である。医師であり公衆衛生学者でもある大井玄の定義によれば、QOLとは「自分の生存状況についての、満足、生きがいなどの意識を含む全般的主観的幸福度」である（大井玄、終末期医療Ⅱ、弘文堂、1993）。とすれば、数字から見た「客観的指標」がこれだけ伸びたにもかかわらず、まさに「自分の生存状況についての、満足、生きがいなどの意識を含む全般的主観的幸福度」が停滞しているのが現在の私たちの社会の状況ではないだろうか。私たちがいま求めているのは、私たち自身のQOLの高さであり、それを可能にするような社会のあり方なのである。

大井の定義にもあるように、QOLとは「全般的」かつ「主観的」なものである。だからそれは人生の多様な側面を含むものとなる。そもそもライフのクオリティー（質）と言ったときの「ライフ」の意味も、それは「生命」であり「生活」であり「人生」であり、それらが重なり合ったものであると考えられる。それは「生命の質」であり、「生活の質」であり、「人生の質」であるのだ。それは物事を常に曖昧

さが生じないように定義したい科学者から見るととてもつかみどころ
のない概念のように思えるが、しかしひとりひとりの「生きる世界」
の中でははっきりと実感できる「幸福度」である。QOLを「生命の
輝き」と訳している人もいる。こうなると科学者的発想からはお手上
げだろうが、私たちひとりひとりからすれば「このごろ自分の生命は
輝いてないなあ」とか、「ものすごく生き生きしている、ワクワクし
ている」とかの、生きている実感に結びつくものだ。QOLとは私た
ちの「感性」、「生きる感覚」に根ざす概念なのである。

　「数字信仰からQOL社会へ」とは、私たちの発想の前後関係を入
れ替えること、発想を逆転させることを意味している。ある時代まで、
日本社会は「高い点数を取っておけば、そのあとから幸せは自動的に
ついてくる」ような社会だった。テストでいい点を取っておけば、い
い高校に行けて、いい大学に行けて、いい会社に入れて、幸せにな
る。そんな「王道」が存在していて、だから「とにかくいい点を取り
なさい」には説得力があった。しかし、いまや数字の後から幸せは追
いかけてくるとは限らない。「数字こそがQOL」の時代ではなく、「自
分の幸せとは何か」「自分にとってQOLの高い生活とはどのような
生活か」ということを最初に考えなければいけない時代になったので
ある。

**図 1　健康寿命と平均寿命の差（男女別：2016 年）**

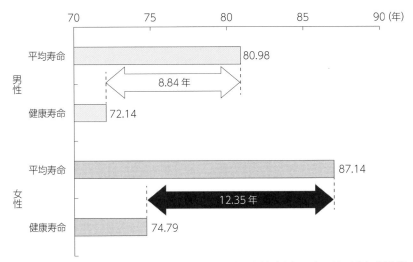

出典：「第 11 回健康日本 21（第二次）推進専門委員会　資料（平成 30 年 3 月 9 日）」（厚生労働省）（https://www.mhlw.go.jp/stf/shingi2/0000196943.html）よりデータを得て作成

注：健康寿命とは、健康上の問題で日常生活が制限されることなく生活できる期間をいう。

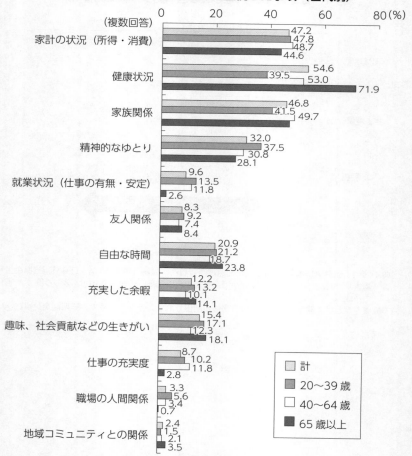

図2　幸福感を判断するのに重視した事項（世代別）

（複数回答）

| 事項 | 計 | 20〜39歳 | 40〜64歳 | 65歳以上 |
|---|---|---|---|---|
| 家計の状況（所得・消費） | 47.2 | 47.8 | 48.7 | 44.6 |
| 健康状況 | 54.6 | 39.5 | 53.0 | 71.9 |
| 家族関係 | 46.8 | 41.5 | 49.7 | |
| 精神的なゆとり | 32.0 | 37.5 | 30.8 | 28.1 |
| 就業状況（仕事の有無・安定） | 9.6 | 13.5 | 11.8 | 2.6 |
| 友人関係 | 8.3 | 9.2 | 7.4 | 8.4 |
| 自由な時間 | 20.9 | 21.2 | 18.7 | 23.8 |
| 充実した余暇 | 12.2 | 13.2 | 10.1 | 14.1 |
| 趣味、社会貢献などの生きがい | 15.4 | 17.1 | 12.3 | 18.1 |
| 仕事の充実度 | 8.7 | 10.2 | 11.8 | 2.8 |
| 職場の人間関係 | 3.3 | 5.6 | 3.4 | 0.7 |
| 地域コミュニティとの関係 | 2.4 | 1.5 | 2.1 | 3.5 |

出典：「少子高齢社会等調査検討事業報告書（健康意識調査編）（平成26年3月）」（みずほ情報総研株式会社）（https://www.mhlw.go.jp/file/04-Houdouhappyou-12601000-Seisakutoukatsukan-Sanjikanshitsu_Shakaihoshoutantou/002.pdf）よりデータを得て作成

（出典：上田紀行　生きる意味　岩波書店　2005　より抜粋、一部改変）

（弘前大・医）

以下の⑴⑵について、⑴を 400 字程度、⑵を 400 字程度とし
て、あわせて 800 字以内（改行による空白、句読点、記号な
どを含む）で記述しなさい。

⑴　文章から、著者の主張を要約しなさい。

⑵　⑴の解答と、図１および図２を踏まえ、あなたが考える
「QOL が高い生活」について述べなさい。

**解答のヒント**

⑵は、課題文と図を踏まえて書くことが求められている。第１段
落で課題文の要旨と図からわかることをまとめて、問題提起をする
とうまく書けるだろう。課題文に真正面から反対するのは難しいと
思ったら、二部構成にして初めに意見を書き、次に課題文とは別の
方向から賛成意見を書くことができる。課題文には QOL の大事さ
について十分に説明されていないので、その説明をきちんとすれば
十分に書ける。

# 健康格差

問題1　**以下の文章を読んで、設問に答えなさい。**

　独り暮らし世帯は、今や1600万世帯を超え、全5340万世帯（2015年国勢調査）の3割を超えた。1985年まで男性の生涯未婚率（50歳まで一度も結婚をしたことのない人の割合）は1~3%台で、ほとんどの人が結婚していた。しかし、その後1990年に5.6%、2005年には16.0%となった。最近では、都市部では40代のほぼ4人に1人である。今後さらに上昇して、2030年には男性の生涯未婚率は29.5%、女性でも22.5%に達すると予想されている。まさに「単身急増社会の衝撃」である。

　独り暮らしは、社会階層が低い人ほど多い傾向がある。たとえば、非正規雇用の若者が結婚できないという問題が指摘され、高齢者でも、男性で教育年数が6年以上の群の約4%に比べ、6年未満の群では2倍以上も独り暮らしが多い。

　友だちや同僚、その他の社会的グループの人と過ごすことがまれ、あるいはないと答えた人の割合を21か国で比較したデータが、OECD<sup>(注)</sup>のレポートで紹介されている。それによると、日本の女性は14%とメキシコに次いで2番目に多く、男性では16.7%と最も多くなっている。

これから、とりわけ日本で、この問題が今後重みを増す問題であることがわかる。

　寂しさを抱える高齢者をねらったリフォーム詐欺をはじめとする犯罪が報じられている。別居している家族が「だまされたのよ」と説明しても、「あの人は悪い人じゃない」と答える認知症の高齢者もいるという。（商談の前に）高齢者の話をよく聞いてくれた人は独り暮らしの高齢者にとって「いい人」なのだ。「うなずき屋」という商売もあるくらいだ。「そうですか」「大変でしたね」など、どんな話も、ただうなずいて聞いてくれる。喜ぶお年寄りが払う料金は、2時間で1万円という。

　日本経済新聞の連載「未知なる家族」では、そんな独り暮らしの人たちの「絆探し」の動きが紹介された（2005年5月4日）。煩わしさはないし、普段は不自由を感じることも少ない。しかし、地震などで被災したときに「避難所ではきっと寂しい」と、合い鍵を預け合ったり、ご近所グループを結成したりする動きもあるという。

　社会サポートとは、周りの人からのサポート（支援）のことで、情緒的・手段的・情報的なサポートなどに分類される。情緒的サポートは、不安や愚痴、話を聞いてくれたり、慰めたり励ましてくれるもの、手段的サポートは、病気で寝込んだときに看病してくれたり、子どもをちょっと預かってくれるなど、手を貸してくれるものである。世界中で多くの研究が蓄積され「社会サポートが健康に有益であり、社会的孤立が不健康につながることの根拠はいまや無視できない」。

　社会ネットワークは、人々のネットワーク（つながり）であり、各種のサポートは、このネットワークから得られることが多い。貧困、障害などの社会的弱者ほど、社会サポートも社会ネットワークも弱く、孤立しやすい。非正規雇用に代表される「若者が無縁化する」や、職場からも家族からも地域からも孤立した人が増える「無縁社

会」が話題になっている。社会ネットワークから断ち切られサポート
を得られない社会的孤立や社会的排除は、うつ状態などの精神的な不
健康を招き、それがやがて身体的健康も蝕む。このようにして、社会
的つながりが乏しい社会的弱者の健康状態が、そうでない人たちと比
べ悪いという、健康格差を生み出す重要な要因の1つになっている。

出典：健康格差社会への処方箋、近藤克則、医学書院P147-149　2017年、一
　　　部改変
注）OECD：Organization for Economic Cooperation and Development
　　経済協力開発機構。加盟国の経済的発展、発展途上国への援助、貿易の拡大
　　などを目的とする国際協力機関。

（一部設問を省略）

（岡山大・医）

設問1　筆者は、健康格差を生み出す要因について、どのように述
　　　　べているか150字以内で説明しなさい。

設問2　健康格差の解決には国をあげた取り組みが必要ですが、あ
　　　　なたが考える個人でできる取り組みを300字以内で述べ
　　　　なさい。

設問2 については、個人でできる取り組みが問われている。もちろん書かなければいけないのは、健康格差を解消するために個人ができることなのであって、自分が健康を保つためにすることを書いても的外れになる。どのような活動をしたら、多くの人を健康にできるのか、組織の一員、地域の一員としてどのような活動ができるのかを考える必要がある。字数が少ないので二部構成を用いるほうが書きやすい。

解 説

解答解説編

## 第1講　技術と人間の倫理

# 加藤 尚武（かとう・ひさたけ）

> **課題文の要約**
>
> 　校庭の雑草を一本抜くにも、「絶滅危惧品種の草は抜くべきではない」というルールは守られるべきである。だが、そもそも、絶滅危惧品種の草があることすらわからない。そこで、学校をあげて「在校植物リスト」を作成すべきである。これにより、どの草が校庭から絶滅しそうなのかがわかり、保護することもできる。つまり、学校を小さな「野草園」にするのである。これは日本の環境教育の革命になるだろう。
>
> 　だが今は、どこの校庭でも雑草がきれいに刈り取られてしまっている。そのため、校庭の砂ぼこりで、近所の住民が迷惑しているケースも多い。校庭に雑草があると、学校側の管理不行き届きと思われるので、定期的に草取りをするらしい。マンションなどでも同様の状況で、雑草が一本もないことがよい環境だと信じられている。これは合理的な理由からではなく、「雑があると見苦しい」といった気分的な理由によるようだ。雑草を取ると、害虫が減るという理由を挙げる人もいるが、本当にそうなのか調べてみる必要がある。もしそうなら、虫たちの成育の場を奪ってよいのかを考えてみるべきだ。

　筆者は、現在、学校で植物についての知識がないまま、草取りが行われていることを否定的に捉えている。たとえ校庭の雑草であっても、絶滅の危機にあるかもしれないので、人間の都合だけで抜くべきではないという立場を取っているわけだ。したがって、論ずるべきは、動植物の生育環境を優先するのか、それとも、人間の生活環境を優先するのかということだ。前者の立場を取るのであれば筆者の主張に賛成することになり、後者の立場を取るのであれば筆者の主張に反対することになる。また、筆者は、動植物の成育環境の保護こそが本当の環境教育だとする立場だが、この点についても筆者と同じ立場なのか、それとも人間の生活環境を重視する環境教育であるべきなのかを明確に示す必要がある。

**構成例**

Ａ　課題文の主張に賛成の立場

1　今のような校庭の草取りは好ましくないのか。

2　確かに、校庭に雑草が生えていると、見苦しく感じられる。定期的に草取りをしたほうが、環境の美化になる。しかし、それは人間中心の考え方でしかない。

3　雑草とそうでない草との区別は、人間の勝手な判断でしかない。花壇で草花を育てる一方で、校庭の雑草を取るというのは、人間の主観的な美観に基づくものでしかなく、動植物の生育環境を守ることになっていないのである。日本の環境教育はこうした矛盾を抱え込んでいる。これからは動植物の成育環境を本当に守る教育を行うべきだ。

4　したがって、今行われているような校庭の草取りは好ましいとは言えない。

**B** 課題文の主張に反対の立場

**1** 今のような校庭の草取りは好ましくないのか。

**2** 確かに、校庭の雑草の中に、絶滅危惧品種の草が含まれていれば、それを守ることも必要ではあろう。たとえ雑草でも、それを絶滅させる権利など人間にはないとも考えられるからだ。しかし、人間に都合が悪いのであれば、校庭の草取りをすべきである。

**3** 動植物の成育環境を守ることで、逆に人間が快適に生活しにくくなるとしたら、これは本末転倒であろう。人間はあくまでも自分たちの快適な生活環境を守るために、自然を保護するのである。それゆえ、校庭の草取りをしないことで、美観が損なわれるのであれば、雑草は取り除くべきだ。環境教育も、人間の生活環境を守ることを中心に行われるべきである。

**4** したがって、校庭の草取りはむしろ好ましい。

**模範解答**

　筆者は、校庭の雑草取りに異を唱え、「校庭の植物リストを作り、絶滅危惧品種の草を保護していくことが、日本の環境教育の革命になる」と訴えている。では、本当に校庭の雑草取りをしてはならないのだろうか。

　確かに、校庭の雑草の中に絶滅危惧品種の草が含まれていれば、それを守るべきだと言えなくもない。雑草だからといってそれを絶滅させる権利など人間にはないとも考えられるからだ。しかし、それでも、私たち人間に都合が悪いものであれば、積極的に守っていく必要はないのである。

　人間にとって、現在、環境保護が重要な課題となっているのは、自然や地球環境を守っていかないと、私たちの便利で快適な生活環境が維持できなくなってしまうからである。しかし、環境保護を優先させすぎて、

そのために人間の生活環境を犠牲にするようなことになったら、それは本末転倒だということになる。そして、この見方からすると、校庭の雑草を守るというのは、行きすぎだと言える。校庭の草取りをしないことで、美観が損なわれるというのであれば、雑草は絶滅危惧品種であろうとなかろうと、取り除くべきだろう。また、今後の環境教育は、あくまでも人間の生活環境を維持するためのものであるべきだ。筆者の提案しているような、動植物の成育環境の保護を優先する環境教育を行うと、最終的には人間の文明自体が地球環境を破壊する原因であり、悪だということになってしまい、人間の自己否定につながりかねないのである。

　以上のことから、筆者の主張に反対し、校庭の雑草を取ることに何ら問題はないと考える。


## ◆役に立つ知識
### ・二つの環境保護
　一口に環境保護といっても、それを人間中心主義的に捉えるか、それとも反人間中心主義的に捉えるかによって、その定義も異なってくる。人間中心主義の観点からすると、環境保護とは、あくまでも人間の快適な生活環境を維持するために自然や地球環境を守ろうというものだ。一方、反人間中心主義の観点からすると、自然や地球環境を守るためなら、人間のエゴイズムは抑制すべきものとなる。つまり、この場合の環境保護とは、人間の生活の快適さや便利さを犠牲にしてでも、自然や地球環境を守っていくというものだ。

# 科学の怪しさ

## 養老 孟司（ようろう・たけし）

---

**課題文の要約**

　一般の人は多くが「科学は絶対」と信じているようだが、そんなことはない。たとえば、地球温暖化の原因は炭酸ガスの増加だというのが科学的事実のように扱われているが、事実なのは地球の温度が年々高くなっているということであって、炭酸ガスが原因というのは推論でしかない。推論でしかないのに、この推論に基づいて行政が大規模に何かをするのは危険である。科学的理論であるからには、反証されるものでなくてはならない。いかに合理的な説明であっても、反証され、それに対しても耐えられる理論であってこそ、事実と認められる。だからと言って、確実なものは何もないということではない。地球温暖化については、その原因は炭酸ガスである可能性が高いと考えてよい。ただし、これは推論であって事実ではないということを知っておくべきだ。科学はイデオロギーではないので、絶対的なものと考えるべきではない。

---

**考え方**

　簡単に言えば、課題文の主張は、「科学は絶対ではない。多くのことが推論でしかない。疑いを持って反対の証拠はないかと検証した後、そ

れがなかった時に、それが事実とされる」とまとめられる。地球温暖化の例が示されているが、もちろん、筆者は「地球温暖化の原因は炭酸ガスではない」と主張しているわけではない。単に、原因が炭酸ガスかどうか、まだ確かめようがないのでわからない、だから絶対と思うべきではないと語っているわけだ。

この文章を読んで、 問1 は200字以内の要約が求められている。先に示したことを字数に合わせればよい。

問2 では、本文についての意見が求められている。本文では「科学は絶対ではない。多くのことが推論でしかない。疑いを持って反対の証拠はないかと検証した後、それがなかった時に、それが事実とされる」と語られているのだから、それに賛成か反対かを判断すればよい。言うまでもないことだが、「地球温暖化の原因は炭酸ガスか」を論じても的外れということになる。

課題文はかなりもっともなことを語っているので、真正面から反対するのは難しい。しかし、「科学は、きちんと検証さえすれば、絶対的と言えるほどに事実にたどり着ける」という主張と、「科学は常に不確定なので、信じるべきではない」という主張の対立とみなして論じることはできる。

なお、 問2 は四部構成で書くのが正攻法だが、字数が400字なので、それほど踏み込んで書く必要はない。また、四段落に分ける必要はない。

## 構成例

問2

A 課題文の主張に反対して、科学は絶対に近いとみなす立場

1 科学は絶対と言えるか。

2 確かに、科学は常に絶対に正しいとは言えない。検証が必要であ

る。しかし、検証をきちんと行っていれば、ほかのさまざまな方法よりも絶対に近い。

3　科学は推論だけでなく、統計なども用いて、現象を検証する。データが不足すると真実にはたどり着けないが、日々データを集めていけば、真実に近づける。

または

3　そもそも科学は様々な検証をして真実にたどり着こうという考え方だ。様々なデータを用いて出た科学的な結果を信じる必要がある。それを否定すると、たとえば地球温暖化についても、予測できずに手遅れになってしまう。

4　したがって、科学を絶対と考えてよい。

B　課題文に賛成して、科学を絶対と思うべきではないとみなす立場

1　科学は絶対と言えるか。

2　確かに、検証をきちんと行っていれば、ほかのさまざまな方法よりも事実に近づく。しかし、科学を信頼するべきではない。

3　科学ではまだわかっていない領域がたくさんある。たとえば、超常現象と呼ばれることも、もしかしたら存在するかもしれない。生命や精神について、まだわかっていない部分が多い。それを踏まえたうえで、科学の限界を考えておくべきだ。

または

3　科学も一つの思考法と考えられる。物事を数学的に分析し、理性的に物事をとらえ、実験によって検証するのをよしとする、ヨーロッパ近代が生み出した考え方にほかならない。また、世界は数字でとらえられるという前提で世界をとらえている。しかし、それが正しいとは限らない。

4　したがって、科学を絶対視するべきではない。

問1

　科学は絶対ではない。たとえば地球温暖化の原因は炭酸ガスの増加だというのは科学的事実ではなく、推論でしかない。推論に基づいて行政が大規模にかかわるのは危険である。科学的理論は、反証されるものでなくてはならない。反証され、それに耐えられる理論であってこそ、事実と認められる。とはいえ、何も確実なものはないということではない。あくまでも科学はイデオロギーではないので、絶対的と考えるべきではない。

問2

　課題文で言われるように、科学を絶対視すべきではないのだろうか。

　確かに、推論に基づく科学理論を絶対視するべきではないだろう。高度な推論は多くの理論やデータに基づいているので、これまでの知見に間違いがあったら、全体が崩れてしまう。しかし、科学を絶対的なものとして信じるべきだと私は考える。科学が時に信頼に足らないものであるのは、まだデータが不足するからである。徐々に埋めていくことによって、より事実が明確になる。地球温暖化にしても、現在、より一層明確な解明が行われているはずである。それなのに、そのような科学に疑念をとらえて、たとえば地球温暖化対策をとどめることになると、取り返しのつかないことになる。断定して決めつけるのではなく、一層精度を高めていくのを目指す考え方こそが科学なのである。

　したがって、科学を絶対とみなすのは間違いではないのである。

## ◆役に立つ知識

### ・地球温暖化

　地球温暖化とは、大気中の二酸化炭素の濃度が高まり、温室のように地球を覆って、温暖化を促進しているとされることをいう。原因として考えられているのが、石炭、石油などの化石燃料の使用だ。地球温暖化の影響で南極や北極の氷が解け、海面が上昇して低い土地が海中に没することが懸念されている。気温がそれだけ上昇すると、植物分布が変わって、これまで収穫できていた食物が取れなくなり、農林水産業に大きな影響を与えると言われる。

　また、地球温暖化の影響で異常気象が起こることも懸念されている。近年、「これまで経験したことのない豪雨」「50年に一度の豪雨」などが頻繁に起こっているが、それも温暖化が原因と言われている。

　現在、これらの問題を解決するため、二酸化炭素をできるだけ排出しないように、化石燃料を使わないなどの取り組みがなされている。

## 第3講　あたりまえなことばかり

## 池田 晶子（いけだ・あきこ）

---

**課題文の要約**

　「自分がわからない」ことこそ真実なのに、多くの人が「自分探し」をしている。特に、青年のみならず中高年までもが「自分探し」をしている状況はおかしくないだろうか。この場合、「自分探し」の方向性が最初からまちがっている可能性がある。「自分探し」をしているのに、その探している自分自身が何なのかわかっていないのだ。では本当の自分とは何であるのか。

　本当の自分とは探すものではなく考えるものだ。社会的アイデンティティは役割演技にすぎず、それで充足できる人はある意味幸せだが、そうでない多くの人は「自分探し」をせざるをえない。だが、自分をいくら内省しても、カウンセリングを受けても、本当の自分は見つからない。探している自分はここにいるという当たり前すぎる事実にまず気づき、そこから考え始めるべきだ。

---

**考え方**

問1　説明問題。「陥穽（かんせい）」というのは「落とし穴」という意味。だから、「自分探し」についてマイナスのニュアンスで書かれている部分を探せばよい。全文を通して「自分探し」に対しては否定的なのだ

185

が、最も端的にまとめられているのは傍線部のある最後の段落。ここで述べられている内容を中心にして、100字に収まるようにわかりやすくまとめればよい。

問2　「自分探し」について論じる問題。やはり「自分探し」がよいことか悪いことかを問うのが最も正攻法。課題文は「自分探し」についてやや否定的に論じているので、筆者に賛成の立場だと「自分探し」に反対、筆者に反対の立場だと「自分探し」に賛成という論になる。また、設問条件に、「自分探し」を意識した（しなかった）ことについて、自分のことを書くようにとあるので、その具体例を自分の論の裏づけとして使って書くといいだろう。

### 構成例

問2

**A** **課題文の主張に賛成の立場**

**1**　課題文で筆者は、自分をよく知らぬままに行われる「自分探し」は問題が多いと述べているが、はたして「自分探し」はよいことだろうか。

**2**　確かに、「自分探し」をし、様々な体験をする中で、新しい自分を発見することはあるだろう。しかし、そうした「自分探し」は単なる現実逃避に終わることが多いのである。

**3**　「本当の自分」というのは幻想なので、「自分探し」はないものねだりになる。答えのない問いを問い続けて、時間を浪費するのは賢明とは言えない。「自分探し」をせずに、等身大の自分を認めて生きることこそ、前向きな生き方である。

**4**　したがって、「自分探し」は大切ではない。

**B** 課題文の主張に反対の立場

1 課題文で筆者は、自分をよく知らぬままに行われる「自分探し」は問題が多いと述べているが、はたして「自分探し」はよいことだろうか。

2 確かに、自分は今ここにいるという事実をまず受け入れることは大事である。しかし、それでは人は成長していけないだろう。

3 「自分探し」で外の世界と接触することには意味がある。そうすることで新しい自分を発見することができる。「自分探し」は、外からの刺激を受けることで、自分を新しく作っていく有意義な行為である。

4 したがって、「自分探し」は大切である。

**模範解答**

**問1**

　自分とは今ここにいる自分以外ではないのに、この事実を認めず、本当の自分はどこか外にいるとか、奥深くに隠れているとかと思って「自分探し」をしても、それは自分を見失う結果になってしまうということ。

**問2**

　課題文で筆者は、自分をよく知らぬままに行われる「自分探し」は問題が多いと述べ、「自分探し」に対して否定的な立場をとっている。それでは、はたして「自分探し」はよいことなのだろうか。

　確かに筆者の言うように、「自分探し」は落とし穴である。今の自分は本当の自分ではないと思い込み、本当の自分を探そうとするのは、へたをすると現実逃避となり、かえって自分を見失うことになりかねない。しかし、だからといって「自分探し」を否定すべきではない。

　私が「自分探し」を意識したのは、それまで打ち込んできた野球部を

引退したときだ。甲子園出場という目標は結局夢のまま終わり、打ち込めるものを喪失した私は、それにかわる目標を自分の中に見つけなければならなかった。そうしてがむしゃらな「自分探し」を試みる中、たまたまボランティアで参加した介護の仕事が自分に合っていることを新しく発見したのだ。私は目の前が一気に開け、思い悩む日々から解放されたのだった。

　このように、「自分探し」は新しい自分と出会う作業だ。自分を探して、どこかに出かけたり、様々なことにチャレンジしたりすることで、思いもかけない発見がある。その発見によって自分でも知らなかった新しい自分の一面に気づくことができる。自分というものは変わっていってかまわない。むしろ変わることによって人間的な成長がある。「新しい自分」を見つけ出せば、これまでと違った人生の展望が開けていく。そのために「自分探し」をして、外部の刺激をどんどん受け、「新しい自分」を発見するためのヒントとなるようなことを、積極的に吸収していくべきなのだ。こうした「自分探し」をしなければ、いつまでも変わらぬ自分のままでいて、人間的な成長は停滞したままになってしまうだろう。

　したがって、私は「自分探し」は大切であると考える。

### ◆役に立つ知識
#### ・若者と「自分探し」

　今、若者が「自分探し」にこだわるあまり、将来の進路についていつまでも悩んだり、就職しても自分の生き方とは違うと考えて、すぐ離職してしまったりするケースが増えている。そのことがフリーター、ニートの増加など若者問題の原因ともなっている。

　「自分探し」にこだわる人の中には、現実の自分とは異なる「理想の自分」が存在している場合が多い。そのため、自分の理想とそ

ぐわない現実は受け入れられず、現実に対する適応能力が低くなってしまっている。現実の自分よりも、理想の自分に正直なのだ。

　行き過ぎた「自分探し」は、現実感覚を失ってしまうものである。理想の自分ではなく現実の自分こそが本当の自分なのだ、という感覚をしっかり持つことが、「自分探し」に悩む若者にとっては一番の薬なのかもしれない。

## 第4講　アート・創造性

## 大嶋 義実（おおしま・よしみ）

**課題文の要約**

（ 設問Ⅰ の模範解答を兼ねて）

　現代では廃棄物などのあらゆるモノや事象が芸術になりうる。すべての音響現象は音楽になりうる。つまり、芸術と非芸術の境界が曖昧になっている。20世紀前半のマルセル・デュシャンの試みが先駆けとなって、何かモノを作るのではなく、思考を創造し、芸術とは何かという問題提起をすること自体が芸術とみなされるようになった。日本では、デュシャンらの考えに基づく作品を「アート」、従来の鍛錬された技術の上に成り立つ作品を「芸術」と呼んで区別している。一般的な感覚では、鍛錬された技術に基づく作品と、発想や考え方に重点を置く作品（アート）を同じように芸術と呼ぶのには抵抗があるだろう。だが、どちらも、その歴史は人類の起源に遡り、目に見える世界の向こう側にある未知の世界へと向き合おうとする、人間にとって根源的な営みであることに違いはない。

 **考え方**

　この課題文は、ゴミでも美術品になり、音がまったく出なくても、あ

るいは騒音としか思えないような音であっても音楽作品とみなされる現代芸術のあり方について語られている。

　課題文中にあるが、念のために補足しておこう。フランスの画家マルセル・デュシャンは、既成の便器を「泉」というタイトルで美術展に出展したり、ダ・ヴィンチのモナ・リザの絵葉書に髭を描きこんで出品するなどして話題になった。アメリカの作曲家ジョン・ケージの作品「4分33秒」は、ピアニストがステージに出て4分33秒の間、何もしないで去るように指示があるだけの「音楽作品」。これらは、「本当にこれが芸術作品なのか？」という問題を引き起こした。

　また、オーストリアの指揮者アーノンクールは古楽演奏を広めた。それまで、弦楽器にはヴィブラートをかけて美音にするような演奏が主流だったが、ヴィブラートは19世紀になってなされ始めたものであって、バッハやモーツァルトやベートーヴェンの時代にはそのような演奏はなされていなかった。そのことをアーノンクールらの演奏家が強く主張して、作曲家が生きていた当時の奏法で演奏する運動を広めた。すると、それまでと違った魅力的な音楽が聞こえるようになり、むしろ近年では、18世紀までの音楽は古楽奏法で演奏されることが多くなった。課題文ではそのことを紹介して、これも芸術の考え方を根本的に改める動きだったと説明している。

　筆者は、このような現代芸術のあり方に理解を示して、日本では、現代芸術をアート、伝統的な芸術作品を芸術と呼んで区別していることを指摘し、「現代では、芸術とは何かという問題提起自体が芸術となる。というのが新しい芸術のあり方だ」と説明している。

　設問Ⅰ　は、要約が求められている。

　設問Ⅱ　は、「人間の創造性」について自分の考えを述べることが求められている。課題文には、直接的に「人間の創造性」について論じられているわけではないので、何を書けばよいのかわかりにくい。そのよ

うな場合には、この文章で「人間の創造性」がどのように捉えられているかを考えてみる。そうすると、この文章で語られているのは、「芸術とは何かという問題提起自体も人間の創造性の表れである芸術として評価するべきだ」ということだと考えられる。

したがって、「現代アートを人間の創造性の表れとして評価するべきか」について論じるのが正攻法だ。

### 構成例

#### 設問Ⅱ

**A 現代芸術を評価する立場**

**1** 現代アートを人間の創造性の表れとして評価するべきか。

**2** 確かに、既製品を使ったり、無音のコンサートなどは長い間の修練によって身につけた名画や名曲のような感動を鑑賞者に与えないだろう。しかし、人間の創造性を問題にしたという点で芸術に値する。

**3** 芸術とは、人間のあり方を根本から問いかけるものである。それまで現実の中に埋没して、その先を見る創造性を持たなかった人に、それを知らせ、新しい世界の見方を示すものである。新しい世界の見方を創造するものを芸術と見なすことができる。

**または**

**3** 従来のものの見方に従って古い芸術作品をありがたがっているだけの状態こそが、本来の芸術からほど遠い。それを壊して新しい世界観を見つけることこそが芸術の役割である。

**4** したがって、人間の創造性を高める現代芸術の在り方は好ましい。

**B 現代芸術を評価しない立場**

**1** 現代芸術を人間の創造性の表れとして評価するべきか。

**2** 確かに、ありきたりのものの見方から脱して、ものを考えさせると

いう面では現代アートのあり方も意味があるだろう。しかし、これを人間の創造である芸術と見なすべきではない。

**3**　芸術作品というのは、芸術家の見る世界を創造するものである。ちょっとした思いつきではなく、自分の技術によってそれを創造する。そして、それに触れるものは、創造された芸術作品を通して、現実世界の真実をみることができるのである。ベートーヴェンの音楽を聴いて、人間精神を知ることができるように。

（または）

**3**　日常のものの見方に衝撃を与えるのであれば、犯罪でもできる。芸術における創造とは、自分の見る世界にイメージを再創造することである。人々はそこに新たな世界の見方を見つけて感動するのである。

**4**　よって、現代芸術は人間の創造性の表れとは言えない。

**模範解答**

**設問Ⅱ**

現代アートを人間の創造性の表れとして評価するべきだろうか。

確かに、ありきたりのものの見方に亀裂を生じてものを考えさせるという面では現代アートの在り方も意味があるだろう。価値観の変更を迫るのは間違いなく、アートの役割である。しかし、これを人間の創造と見なすべきではない。日常のものの見方に亀裂を与えるのであれば、犯罪や狂気も、そして目立ちたがりのパフォーマンスもすべて創造性と見なされることになってしまう。芸術における創造とは、自分の見る世界のイメージを音や形や映像や文字を用い、高い技術によって再創造することである。神が世界を造ったように芸術家は自分の世界を作る。人々はそこに新たな世界の見方を見つけて感動するのである。時にそれによって、人々はそれまでの自分の価値観の修正を行うのである。よって、現代アートの考え方は人間の創造性の表れとは言えない。

## ◆役に立つ知識

### ・「芸術は世界の再現」

　最も一般的に受け入れられている芸術観は、「芸術は世界の再現だ」という認識だろう。画家は絵画という形で自分の見た世界を再現する。音楽家は音に酔って自分の考える世界を再現する。作家は言葉を用いて自分の見た世界を再現する。鑑賞する人間は、それらの芸術を味わうことによって、それを通して真実の世界に触れ、感動を覚える。

　ただし、「現代アート」と呼ばれる芸術の出現によって、現在、何が芸術かという問題が揺らいでいると言えるだろう。

# ことばのあり方
## ——哲学からの考察

## 納富 信留（のうとみ・のぶる）

**課題文の要約**

　ことばはツールだと思われている。コミュニケーションをしたり、仕事に役立てるために外国語を学ぶと考えている。ことばをツールとみなす考えは、効率という観点だけでことばを扱い、労働のための言語として捉えている。この考えをつきつめると、情報だけがほしいということになる。だが、それは本末転倒である。ことばがツールだとしたら、最も単純で効率的なものがよいことになるので、機械が翻訳してくれるのがよいことになる。また、人権や民主主義や自由といったことばを通じて培ってきた価値が損なわれてしまう。人間が人間でなくなってしまう。本来、ことばとは私自身の存在だ。私たちはことばとして生きている。ことばを通して私たちは自己形成している。私たちはことばで行動して、自分のあり方を作っている。ことばは道具ではなく、ことばが私たち自身である。世界もことばで成立している。私たちが生きていく営みとは、世界をことばで捉えることだ。

考え方

　この課題文が語っているのは、「ことばは道具ではない。ことばは私自身の存在だ」ということに尽きる。

　ただ、この種の論を初めて読む人にはわかりにくいかもしれない。少し説明しよう。

　人間はことばを使って思考する。ことばがなかったら、モノを見ても何なのか理解できない。犬を見て、イヌと名付けるから、猫やウサギと異なる犬を識別する。色についてのことばがあるから、色を識別する。「肩こり」ということばのない民族は、肩こりを認識しないので、肩がこらないという。フランス人は、蝶々と蛾を同じパピヨンということばで呼ぶ。すると、フランス人は蝶々と蛾を区別しない。同じものだと思っている。フランス人やイタリア人はHの音を発音しない。発音しないだけでなく、聞き取れない。花子さんのことをフランス人はアナコと発音する。ハナコと日本人が発音しても、フランス人にはアナコと聞こえている。

　つまり、人間は自分の言語を通して世界を見ているわけだ。日本語を使って生活している人は日本語にない概念を理解できず、日本語にない音を識別できない。人は目で見たものをそのまま理解しているのではなく、ことばに直して理解している。ことばにできないものは理解できない。

　そして、人間はことばを使い、自分の考えを組み立てていく。ことばを使って、自分を作り上げていく。たとえば、「人権」ということばを知って人権について考える。そうして様々なことを考える。自分という人間は、これまで読んだり聞いたり、自分で考えたりしたことばから成っている。人間の考えていることは、ことばからできている。つまり、人間の精神はことばからできている。だとすると、私はことばでできているというのは必ずしも大げさではない。

問1 は、以上のようなことを 200 字でまとめて書けばよい。

問2 では、問1 に対する意見が求められている。課題文に反対して、「いや、ことばはツールだ」と答えることもできるが、課題文でせっかく哲学者が高度な言語論を解説しているのに、それに対して日常生活の常識をぶつけてもレベルの高い論にはならない。賛成して、例を示しながら、いかに人間がことばからできているのかを説明するほうが論が深まる。

ただし、もちろん、「人間はことばだ」と言ってしまうと、まるで自分の本質的な部分が無機質な言語に乗っ取られたようで実際の感覚と異なる気もするだろう。したがって、「人間をことばで捉えることはできない。人間はことばで捉えきれないような生命こそが本質だ」という方向で論じることもできる。

### 構成例

問2

Ａ **課題文に賛成して、「ことばは人間の存在だ」とする立場**

**1** ことばはツールではなく、人間の存在なのか。

**2** 確かに、ことばにはツールの面もある。しかし、課題文で言われている通り、ツールではなく、人間の存在そのものである。

**3** 人間は母語の概念を組み立てながら、本を読んだり、人の話を聞いたり、自分で思考したりして、自分の思想を築き、自分の価値観を築いていく。本も人の話も自分の思想も価値観もことばからできている。したがって、自分はことばからできている。

また は

**3** 人間はことばを通して世界を見ている。ことばがなかったら、赤ん坊が世界を見るように、すべてに意味がなく、世界を識別できず、もちろん思考することも判断することもできない。周囲の人と意見を交

わし、自分の意見を持ち、自分という性格を作り上げてきたのは、ことばによる。

（または）

**3**　母語で生きている人間は、母語にある概念を用いて生きている。虹は日本では7色だが、例えば「オレンジ色（橙色）」という概念のない民族では、その色は赤または黄に見えるという。ことばがあるから、そのものを識別する。それを積み重ねて、自分を作り上げている。私の場合、日本語の概念でものを考え、日本語の価値観で自分の価値観を作っている。

**4**　したがって、ことばは人間の存在そのものである。

**B**　課題文に反対して、「ことばはツールだ」とする立場

**1**　ことばはツールではなく、人間の存在なのか。

**2**　確かに、人間は母語の概念を組み立てながら、物事を認識し、知識を深め、自分の思考を築いていく。しかし、人間が言語というツールを使いこなして、自分の意見を作るのであって、人間の存在をことばとみなすべきではない。

**3**　人間は自分が生きていくうちに、母語を身に着け、母語を使いこなせるようになる。自分の存在の中心は生命であり、意志である。その人間がツールとしての言語を身につけて世界を理解していくのである。ことばを人間の本質的な部分とみなすと、個人の独自性が薄れてしまい、人間の根本的な生命力を否定することになる。

**4**　したがって、ことばをツールとみなすべきだと考える。

**模範解答**

問1

ことばはコミュニケーションや仕事のためのツールだと思われている。

効率的に情報を得るための道具と見なされる。だが、そう考えると、効率的なものが最も良いことになってしまう。本来、ことばとは私自身の存在だ。私たちはことばとして生きている。ことばを通して私たちは自己形成している。ことばは道具ではなく、ことばが私たち自身である。世界もことばで成立している。私たちが生きていく営みとは、世界をことばで捉えることだ。

問2

　課題文では、「ことばは道具ではない。ことばは私自身の存在だ」という考えが語られている。その考えは正しいのだろうか。

　確かに、言語にはツールの面がある。「言語は伝達の道具である」と言われるとおりである。言語という道具を使って他者と意見交換する。言語という道具を使って、情報のやり取りをする。言語は伝達の道具という面があるからこそ、外国との間の通訳が成り立つ。だが、それ以上に、ことばは人間そのもの、世界そのものという課題文に書かれている考えは、その通りだと思わせる説得力がある。

　人間は母語の概念を組み立てる。日本人は、空を見て青いと思い、太陽を赤いと捉え、英語のような冠詞をつけない思考をする。つまり、日本語の文法、日本語のボキャブラリーに基づいて世界を認識し、自分が生きるための判断にしている。そして、そのようなことばに基づく日本文化を身につけ、その中で生きながら自分の価値観を作り上げていく。「民主主義社会を進めていくべきだ」という価値観を抱いているとして、「民主主義社会」という概念も、もちろんことばによって形作られ、ことばによって説明されている。知識を持ち、それを理解するということは、頭の中に膨大なことばを集積するということだ。そして、それに基づいて自分の価値観を築いていくということは、母語の論理によって膨大なことばの集積を整理し、そこに筋道をつけ、ことばの世界を築き上

げていくということだ。それは私のアイデンティティであり、私の精神そのものである。つまり、私は言語によって成り立っているのである。

　以上述べた通り、課題文に語られている通り、ことばは私自身の存在だと考える。

## ◆役に立つ知識
### ・実存主義と構造主義

　20世紀後半に、ヨーロッパで大きな思想的転換が起こった。クロード・レヴィ＝ストロースやミシェル・フーコーを中心とした「構造主義」という考えが広まったのだった。その考えを簡単に言うと、「人間は主体的に生きているように見えるが、そうではない。言語や民族文化の構造にとらわれて生きている。自由に思考しているわけではなく、母語の言語の枠組みの中で考えている」という考えだった。この構造主義の考えは、それまでの主体性を重視するジャン＝ポール・サルトルなどの実存主義に対立したので、当時、大きな論争を巻き起こした。

　そののち欧米を中心にさまざまな思想が現れているが、今も構造主義の影響は大きい。この思想について知識を増やしておくと、小論文問題の理解も深まる。

# 文字を聞く

## 多和田 葉子 (たわだ・ようこ)

**課題文の要約**

　ワープロで文字を変換すると、コンピューターが思わぬ変換ミスをする。その意味の誤解によって言語の新たな側面が見えてくることがある。私たちは、このような誤解と創造的に付き合っていくべきだ。例えば、翻訳の場面では、翻訳者が言語に対する創造的な解釈・演出をすることで翻訳文学が生まれる。

　だが、「コミュニケーション」「インフォメーション」という用語に象徴される、いわば他の言語をすでにある日本語に一対一で対応させるようなやり方は創造的ではない。日本が外国文化を輸入するときにはこの傾向が強く、相手の文化や言葉を誤解しながら新しい世界を開くことはしなかった。しかし、いかに緻密で洞察力のある創造的な誤解をするかということが重要なのである。

　言葉への驚きがなくなったとき言葉は生命力を失うが、外国人など外部の人間が言葉を創造的に誤解し、違ったふうに用いることにより、言葉は生命力を取り戻す。だからアイデンティティーを母国を至上のものとするところに置くのは危険であり、外からの視点を取り入れる余裕が必要だ。こうして考えると、外国語を学ぶことの意味は、外部から見ることで言語の新しい側面を発見することにあると言える。

**考え方**

**問1**　説明問題。「自分という幻想に閉じ込められてしまう」とはどのようなことか、「コミュニケーション」「母語」「アイデンティティー」の三語を使って説明する。「自分という幻想に閉じ込められてしまう」というのは、マイナスのニュアンスの文だ。この課題文の構成上、言語に対する創造的な誤解を阻む要因が書かれているのは第8段落から第11段落なので、その部分を中心として、課題文の内容を指定された三語を用いながら要約・説明すればよい。400字というのは説明問題としては長い。課題文の文意に依存しすぎずに、自分の言葉を使ってわかりやすく説明する文章力も求められている問題だ。

**問2**　通常の論述型の小論文。課題文を読んだ上で、「緻密で洞察力のある創造的な誤解」の重要性について、具体例を挙げながら述べるもの。課題文にイエスで書く場合は、課題文で論じられている重要性を認めた上で、課題文とは違ったアプローチで書くことが求められている。言語は時代とともに変化していくもので、その変化の過程に創造的な誤解は欠かせない、とか、創造的な誤解とは、言語をより深く楽しみ、味わうための知的遊戯である、などの論で書けばいいだろう。ノーで書く場合は、「緻密で洞察力のある創造的な誤解」が、言葉の乱れにつながる危険性を論じればよい。また、具体例を挙げることが求められているので、創造的な誤解が新しい言語表現を生んだ例を探し出し、しっかりと書かなくてはならない。

**構成例**

**問2**

**A　課題文の主張に賛成の場合**

1　筆者の言う「緻密で洞察力のある創造的な誤解」は重要だろうか。
2　確かに、筆者の言う「創造的な誤解」には問題もある。言語行為と

して見た場合、外国語を学び使用する中で自らの母語をも創造的に改変していく試みは、へたをすると、母語の破壊につながるおそれもあるのである。しかし、「創造的な誤解」は新たな文化の創造として必要なことである。

**3**　言語は、外部のものを取り入れることで、既存の枠組みを超えて常に進化していくものだ。例えば日本語も、かつては中国から漢字を輸入したり、それを変形させてかな文字を作ったりして、文字のない大和言葉から大きく進化することができた。これこそが「緻密で洞察力のある創造的な誤解」による新たな文化の創造なのである。

**4**　以上の理由から、「緻密で洞察力のある創造的な誤解」は重要であると考える。

**B**　課題文の主張に反対の場合

**1**　課題文で筆者が論じているように、「緻密で洞察力のある創造的な誤解」は重要だろうか。

**2**　確かに、筆者の言う「創造的な誤解」は、新たな文化の創造という意味では重要だとも言える。文化というのは、異なる文化と交わり、異種配合することで、また新たな文化を生み出していくものだ。そして、もちろん言語についても同じことが言える。だが、筆者の言う「創造的な誤解」には、危険性もまた含まれている。

**3**　「創造的な誤解」を重視すると、例えば言語固有の伝統やそのコミュニケーションの道具としての機能性が逆に軽視されかねない。例えば「ベッドタウン」という言葉があるが、これは本来の英語にはないいわゆる和製英語であり、英語を母語とする人にはふつう通じない。和製英語は「創造的な誤解」から生まれた便利なものではあるが、しっかりそうと認識しておかないと、日本人が英語を学び使用するうえでの障害となってしまいかねない。

203

**4**　以上の理由から、「緻密で洞察力のある創造的な誤解」を重視すべきではないと考える。

---

**模範解答**

**問1**

　言語表現は必ずしも母語に限定されるべきものではない。外国語の学習、外国語を用いた表現などを通して、第三者的な立場から「緻密で洞察力のある創造的な誤解」をすることによって、新しい発見がある。それにもかかわらず、自分のアイデンティティーを母国に限定して、母語での思考、表現にこだわり、外国から見た視点、第三者的な視点を締め出すような態度をとってしまうことには大きな問題がある。母語に固執すると、言葉の生命力は失われる。母語が自然なものとなりすぎて、初めて言葉に触れたときの新鮮な驚きが失われるからだ。外国人との豊かな言語的コミュニケーションにより母語の新しい側面が開拓されるというのに、そうしたコミュニケーションを閉ざし、アイデンティティーを母国を至上のものとするところに置き、原理主義的に母語の正統性にこだわる保守的な態度のことを、ここでは「自分という幻想に閉じ込められてしまう」と言っている。

**問2**

　課題文で筆者は、異文化と接触するに際して、「直接に別の文化にぶつかって、自分が変わりながら、相手を誤解しながら、新しい視界をひらいていく」という実践を行うべきであり、この実践を通じた「緻密で洞察力のある創造的な誤解」こそが重要だと述べている。では、はたして筆者の言うとおりなのだろうか。

　筆者の言う「創造的な誤解」とは、例えば外国語を学び使用する中で、自らの母語をも創造的に改変していく試みだと言える。そして、こ

の試みには、危険性も確かにある。これはへたをすると、言語固有の伝統を軽視した、単なる言語破壊になりかねないからだ。だが、この「創造的な誤解」には新たな文化の創出という面があることを見逃すべきでない。

　文化というのは、異なる文化と交わり、異種配合が行われることで、また新たな文化を生み出していくものだ。そして、言語もまったく同様である。言葉には歴史的に固定された意味があるのだから、その辞書的な意味を遵守すべきだという見方があるが、こうした伝統重視の言語観は言語の創造性を無視している。ある言語はほかの言語と触れ合い、異種配合することにより、新たに豊かな言語を生み出していく。周知のように、今の日本語は、文字のなかった大和言葉に中国から輸入した漢字を混ぜ合わせることで生み出されたものだ。例えば、かな文字は大和言葉の音を表すために漢字の形をくずして作り出された。これこそが筆者の言う「緻密で洞察力のある創造的な誤解」であろう。こうした創造的な言語の使用により、その言語は常に変化する時代の空気やその時代に生きる人々の心情を的確に切り取る道具として進化することができるのである。

　以上の理由から、私は、筆者の言う「緻密で洞察力のある創造的な誤解」は新たな文化の創造という意味において重要だと考える。

# 第7講　標準語の制定が日本社会に もたらした側面

## 仲島 ひとみ（なかじま・ひとみ）

**課題文の要約**

　明治時代に日本の国家の体制ができた時に、「国語」ができた。江戸時代までは、漢文訓読体の書き言葉は広く通用したが、地方ごとに言葉はバラバラで、共通の話し言葉がなかった。国家としてやっていくには、学校や軍隊で使える共通言語が必要になった。共通の言語によって同じ国民として統合することが大事だった。その混乱を井上ひさしが戯曲に描いている。国民的教養の大衆化のための国語の統一と学習の平易化を図る必要から、国語・国字の改良の機運が生まれた。同じ頃、書き言葉を話し言葉に近づける言文一致の運動や標準語運動も起こった。小説家たちが言文一致で書いたり、国語の教科書で取り上げられたりして、東京の言葉が標準語のお手本として全国に広まった。それが規範となり、その結果、東京以外の言葉は規範から外れたもの、劣ったものとみなされる。ここから方言を撲滅せよという流れも生まれ、それが戦後も続いた。現在ではそのような意識は薄れたが、それでもまだテレビニュースや学校の教科書で標準語が用いられ、標準語を共通語と呼び替えるなどしても、今だに、標準語と方言の格差は大きい。

　課題文には、明治以降、国家として共通言語が必要になって、東京の言葉が小説や国語教科書によって標準語として広まり、それが規範になった結果、方言が劣った言葉とみなされてきた状況が語られている。

　**問1**　は、「言文一致」の運動について、背景を踏まえて説明することが求められている。書き言葉は全国に通用していたが、それは漢文に基づく難解なものだったため、一般国民が使用するには不適当であったこと、話し言葉は方言が様々だったために、国家として共通の言葉が必要だったこと、そこで、学校教育にふさわしい、全国で通用する平易な書き言葉が必要であったことを説明すればよい。

　**問2**　は、標準語の制定がもたらした二つの側面をまとめて、それについて意見を述べることが求められている。ここで言われている二つの側面とは標準語が規範となったことのプラス面とマイナス面のことだと考えられる。標準語によって全国で通用する言葉ができてコミュニケーションが円滑になったことと、その反面、標準語以外の言葉、すなわち方言が規範から外れたもの、劣ったものとみなされるようになったことだ。それについてどう考えるかが求められているのだから、この二つの側面のうち、どちらを重視するかについて考えればよい。つまり、標準語の制定を好ましかったとみなすか、好ましくなかったとみなすかが問われているわけだ。

　第一段落で、標準語制定の二つの側面を説明し、標準語制定が好ましかったかどうかを問題提起して、それについて論じる形を取ればよい。

**構成例**

**問2**

**A**　**標準語の制定が好ましかったとみなす立場**

**1**　標準語が制定されたことはよいことだったのか。

**2** 確かに、標準語の制定によって方言が劣った言葉とみなされる傾向が生まれたのは事実である。したがって、方言の復権を進めるべきである。しかし、標準語の功績は大きい。

**3** 標準語があるために、全国の人々が自由にコミュニケーションできる。そのために日本人は全国レベルで活発に文章を読んだり書いたりして、文化レベルも上がってきた。また、IT機器なども標準語を規範にしているので自動音声などに対応できる。また、外国人が日本を訪れる時、標準語を知っていればコミュニケーションできる。標準語なしにはそのような進展は期待できなかった。

（または）

**3** 標準語を用いることによって、国民としての一体感が生まれ、国家意識が生まれて、全国民でよい社会を作ろうという意識につながる。一つの国にいくつもの言語があると、統一が取れず、分裂が起こりかねない。

**4** したがって、標準語があるのは好ましい。

B 「標準語の制定は望ましくない」という立場

**1** 標準語が制定されたことはよいことだったのか。

**2** 確かに、全国民が標準語を使うことによって円滑なコミュニケーションが可能になっている。しかし、方言が軽視されるようになった弊害は大きい。

**3** 方言というのは豊かな地方文化である。方言には、その土地の価値観、その土地の生活がしみ込んでいる。それを重視して、土地に密着した一人一人の生きかた、自分らしさを尊重するべきだ。標準語という規範を示すと全国を一律化し、地方の特色や地方の文化を抑圧することにつながる。

（または）

**3** 方言というのは、一人一人のアイデンティティであり、その人の生活や人生観に基づいた言語だ。現在、人々は標準語を規範とすることによって、生きることに密着した言語を失っている。それが地方の衰退などにつながっている。標準語を国民に強制したことがこのような現在の状況につながっている。

**4** したがって、標準語制定はよいことではない。

**模範解答**

**問1**

　明治のころ、書き言葉は全国に通用していたが、それは漢文訓読体に基づく難解なものだったため、一般国民が使用するには不適当であった。また、話し言葉については地方によって多くの方言があったために意志を通じ合わせることができなかった。そこで、国家として共通の言葉が必要だった。また、学校教育にふさわしい、全国で通用する平易な書き言葉が必要であった。そのために言文一致の運動が起こった。

**問2**

　標準語のもたらした二つの側面とは、標準語が規範となったことのプラス面とマイナス面のことである。すなわち、標準語によって全国で通用する言葉ができてコミュニケーションが円滑になったのがプラス面である。その結果として、標準語以外の言葉、すなわち方言が規範から外れたもの、劣ったものとみなされるようになったことがマイナス面である。以上のことを踏まえて、標準語をどのように評価するべきだろうか。

　確かに、方言というのは豊かな地方文化である。方言には、その土地の価値観、その土地の生活がしみ込んでいる。つまり、標準語で語られる言葉は、多くの人にとっては自分の心の奥底から出た真の言葉ではない。その意味で、標準語を規範とするのには問題がある。方言をもっと

復権し、方言の良さを知り、自分の本音を語る言葉を保つべきである。しかし、そうであったとしても、標準語が規範となったのはよいことであり、それをこれからも進めるべきだと私は考える。

標準語を日本人のみんなが理解でき、使うことができるために、円滑なコミュニケーションができるのである。これは現代の情報社会において重要である。現在では地域の人とだけ交流するのではない。日本中の人とインターネットを通して交流する。しばしばAIを用いた音声入力も行うだろう。そうしたことは、標準語をみんなが使うからこそ可能である。そして、もちろん海外の人とも交流するが、標準語があるからこそ、海外の人はそれぞれの方言に対応しなくて済む。旅行者も日本で働く人々も標準語を学ぶことによってすべての日本人と交流できるのである。標準語がなければこれらのことすべてが不可能である。

以上の通り、標準語の制定は日本にとって好ましいものであった。

## ◆役に立つ知識

世界には7000前後の言語があるといわれている。ところが、それらの一部の言語は消滅状態にある。使用者が働き口を求めて別の言語の地域で暮らすようになったり、その言語を用いる地域に居続けても母語を使い続けたのでは生活が成り立たなくなって、母語を捨てたりして、そのような状況になっている。

日本の標準語と方言の問題と同じような問題が世界の言語にもある。一方でコミュニケーションを重視すれば、「言語が消滅するのは悪いことではない。使用言語は少ないほどよい」ということになる。極端に言えば、世界中の人が英語を母語とするようになれば、現在のようなコミュニケーションにおける様々な混乱は避けられるかもしれない。

しかし、言語はそれを使う人々にとっては、自分たちのアイデン

ティティそのものだといえるだろう。その言語で思考し、その言語の持つ価値観に基づいて自分の価値観を築いている。自分の言語をなくすことは、自分の故郷をなくすこと、自分そのものの基盤をなくすことに等しい。

　しかも、言語が消滅する場合、歴史的には、ほとんどの場合、強制を伴うものだった。

　ある勢力が地域を拡大すると、現地の言語を禁止して、支配者の言語を強制した。ある民族が別の民族を支配して植民地にすると、その地域の言語を禁止して、支配者の言語を押しつけるといったことが歴史上繰り返し行われてきた。

　現在でも、世界のあちこちで同じような状況が起こっている。少数民族の言語が表立って禁止されることは少ないが、支配勢力の言語のみが学校で教育されたり、少数民族の言語を使っていると仕事につきにくかったりといった状況で、それらの言語が事実上、力をなくしている状況がある。

# 宿題を禁止するという試み

## 大野 舞（おおの・まい）

**課題文の要約**

　私はパリに住んでいる。息子が小学校に入学したが、先生が説明会で、まるで重大なことを発表するように「私は宿題を出す」と宣言した。ただし、「やらなくてもいい」ということになっている。フランスでは、1912年、初めて学校での宿題が禁止された。その理由は、①子どもの過労リスクを避ける、②学校外で勉強する環境がよくない、③教師は宿題の添削よりも優先するべきことがある、という３点だった。しかし、その後も様々な理由で宿題が出されたが、そのたびに禁止が通達された。1994年からは30分間の自習時間が設けられ、先生は個別指導することになった。子どもの家庭環境によって選択肢が狭まってはいけないので、教師が指導するという理由である。フランスでは、「平等」の理念が教育で重視されているが、実際には経済的に貧しい環境にいる子どもは読み書きも十分にできない状態にいる。

**考え方**

　課題文は、フランス在住の人物が、フランスの宿題事情について説明した文章。フランスでは原則として宿題が禁止されている。その理由と

して、①子どもの過労リスクを避ける、②学校外で勉強する環境がよくない、③教師は宿題の添削よりも優先するべきことがある、という３点だという報告がなされている。

　この文章を読んで、フランスの試みについて、「よいところと悪いところを提示しながら、自分の考えを示すことが求められている。一般的な小論文の書き方でよいだろう。反対意見を考慮しながら、宿題禁止に賛成か反対かを書けばよい。

　なお、賛成であれ、反対であれ、課題文中にあるように、①子どもの学力、②家庭環境、③教員の仕事という三つの要素を考えてみるとよい。そのすべてについて書く必要はないが、書く場合のヒントになるだろう。その場合、日本で宿題が禁止されたらどうなるかを想像してみる。経済的に余裕のある家庭の子どもはどうなるだろう、余裕のない家庭の子どもはどうなるだろう。そんなことを考えてみる。

### 構成例

A　フランスの宿題禁止に賛成する立場

1　フランスの宿題禁止は正しいか。

2　確かに、宿題を禁止すると、子どもの学力が落ちるおそれがある。また、経済的に余裕のある親はその分、塾に頼ろうとするだろう。その点を配慮する必要がある。しかし、宿題禁止に賛成である。

3　子どもは宿題をこなすことによって、自主的に学ぶ意欲が失われる。勉強というのは、基本的に自ら好奇心をもって学ぼうとすることに意味がある。宿題ではなく、自由研究やコンクールなどを推奨する形で勉強意欲を高めるのが望ましい。

　　　または

3　子どもは宿題があるために自由な時間を取れず、自分に関心のあるスポーツや文化や学習に集中できない。宿題は、暗記したり、理解度

を深めたりするのには役立つが、自由に考えて、それを発信する力が
つきにくい。現在では、発信する力の方が大事である。

またはⓈ

**3** 宿題の問題作成、添削によって、教師は余計な労働をしなければな
らなくなっている。宿題をやめることによって、その時間を教材研究
にあてることができる。むしろ、授業中にしっかりと教えて、宿題を
出さずに済むようにするべきである。

**4** したがって、フランスの宿題禁止に賛成である。

Ⓑ **宿題禁止に反対の立場**

**1** フランスの宿題禁止は正しいか。

**2** 確かに、宿題禁止にすれば子どもの負担が減り、自由な時間が増え
る。一部の子どもは自主的に勉強するようになるかもしれない。しか
し、全体的には好ましくない効果をもたらす。

**3** 宿題があるために、子どもたちは家庭で勉強するという癖をつける。
その癖がついて、小学校以降、中学高校、大学、そして社会人に至る
まで、家庭で学ぶという習慣ができる。

またはⓈ

**3** 宿題がなかったら、特に環境の良くない子どもはまったく勉強しな
くなり、経済的に余裕のある家庭の子どもは塾で勉強するようになっ
て、ますます格差が広がる。宿題を出すことによって、学力差をむし
ろ解消できる。

またはⓈ

**3** 現在は、宿題という形で、家庭の人々に学校での学習内容を知ら
せ、家庭と学校がともになって子どもを育てようという意識を深めて
いる。宿題を出さないと、先生が個別指導をして、勉強内容の定着を
個別に図らなければならなくなる。そのため、先生の負担がますます

増えてしまう。

**4**　したがって、宿題禁止は好ましくない。

**模範解答**

　フランスでは、①子どもの過労リスクを避ける、②学校外で勉強する
環境がよくない、③教師は宿題の添削よりも優先するべきことがある、
といった理由で宿題が禁止されてきたという。このフランスの試みは好
ましいことなのだろうか。

　確かに、宿題禁止にすると、自主的に学習に取り組む子どもが増える
可能性がある。現在、子どもは宿題をこなすことによって、勉強を「い
やいやしなければならないもの」と認識している。そのために、「学ぶ
ということは知的好奇心を満たす楽しいこと」という本来の勉強の在り
方を損なっている面がある。だが、それが言えるのは一部であって、全
体的には宿題禁止は好ましいことではない。

　子どもは宿題があるために、家庭で勉強するという習慣を身につける。
それがきっかけとなって、家庭で本を読んだり知的な探求を行ったりと
いったことにつながるだろう。もし、宿題が出なかったら、家で勉強す
る習慣はなくなり、予習・復習といった習慣も失われる恐れがある。宿
題によって学習習慣が生まれ、家庭環境の良くない子どもでも、力をつ
けて学歴をつけ、恵まれない環境から抜け出すことができる。したがっ
て、むしろ宿題を出すことによって、現在の経済格差をなくして、多く
の家庭の子どもが平等に学習機会を与えられて、社会的に活躍できる手
段を身に着けることができる。宿題がなかったら、特に環境の良くない
子どもはまったく勉強しなくなり、経済的に余裕のある家庭の子どもは
塾で勉強するようになって、ますます格差が広がる。宿題を出すことに
よって、学力差をむしろ解消できるのである。

　したがって、フランスの宿題禁止という試みは好ましくないと考える。

## ◆役に立つ知識

### ・「宗教教育問題」

　フランスの学校でしばしばイスラム教徒の服装をめぐって問題が起こる。

　フランスでは、2004年に公立学校ではイスラム教徒の女性が身に着けるスカーフ（ヒジャブと呼ばれる）を禁止した。宗教を学校に持ち込むのを禁止し、女性の権利侵害の象徴であるイスラム教の女性の服を認めないことを示すためだったと言われる。また、2011年には、学校だけでなく公共の場で、顔を覆うものを着用することを禁止する法律を作った。表立った理由としては、テロの頻発に対抗するためだったが、それ以外にも、宗教的な行き過ぎた服装に歯止めをかけることも目指したと思われる。

　だが、これに対しては、「個人の自由を侵害する」「宗教の自由を侵害する」という反対意見も根強い。

　ここに述べたのはイスラム教徒の移民が増えてきたフランスでの出来事だが、教育の場で宗教をどう扱うかは日本でも問題になっている。日本でも宗教的理由で学校行事を拒否する人々がいる。多様性の求められる時代、そのような宗教を認めるべきかどうかがこれからも問題になるだろう。

## 第9講　学校と自然

## 恒吉 僚子（つねよし・りょうこ）

**課題文の要約**

　日本でもアメリカでも、学校は「自然」と呼ぶには程遠い。同年代の児童が並んで何時間も授業を受け、先生が監督している。そして児童は行きたくなくても学校に行かなければならない。牢獄のように強制している面もある。では、学校では何を教えているのか。一般に教科だと思われているが、それだけではない。児童たちが人間関係などから学んでいく「かくれたカリキュラム」がある。たとえば、日本の給食やラジオ体操なども、総体として児童に影響を与えている。アメリカでは国旗掲揚の時に胸を手にやりそうになり、英語でしゃべると自己顕示欲を示しそうになる。

**考え方**

　この課題文は二つのことを説明している。一つは、「学校は『自然』な場所ではない」ということ、そして、もう一つは、学校では教科のほかにも、「かくれたカリキュラム」があるということだ。

　第一の点については、学校は、子どもたちが自然に集まる場所ではなく、無理やり集められて、管理され、教育を施される場所だということを意味する。第二の点については、学校は、教科だけでなく、その国や

地域の考え方、人間関係の築き方、つまりは広い意味での文化を教える
ということを説明している。

[問1] では、「学校は『自然』と呼ぶにはほど遠い性格」とはどのよ
うなことかが問われている。さきほど書いたようなことを説明すればよ
い。

[問2] では、「この教師は、実は、自分が考えているよりもはるかに
多くのことを児童に教えている。」とはどのような意味か、これまでの
自身の体験をもとに「かくれたカリキュラム」の観点から500字以内
で述べることが求められている。

　先ほど述べた通り、「かくれたカリキュラム」とは、一言でいえば、
「文化」のことだ。初めにそのことを示したのち、自分の体験に基づい
て、学校で文化を学んだことを説明すればよい。この課題については、
「説明しなさい」とあるので、イエス・ノーの形にする必要はない。二
部構成を用いて、最初に「はるかに多くのこと」とは、一言でいえば
「文化」であることなどを示して、次の段落で、その内容を詳しく説明
する形をとると書きやすい。

### 構成例

問題2

**1**　はるかに多くのこととは、その地域の文化のことを意味する。その
　地域の人々の考え方、人間関係の築き方、良いとされる生き方などで
　ある。

**2**　目上の人や目下の人、友だちと話すときの言葉遣い、話す内容をど
　うするべきか、行動するとき、どうすれば嫌われ、どうすれば好かれ
　るかを学校で教わる。つまり、社会性を身につけ、その社会の文化を
　もつ人間として生きていけるようになる。

　　または

**2** 国家の理念や国民の好ましい生き方を学ぶ。日本では、民主主義の
あり方をクラスでの話し合い、クラス委員や児童会選挙、学級新聞な
どで学ぶ。そして、日本ではどのような生き方が求められているのか、
どのような意見を、どのようにして語るのかが自然と身につく。

⌇または⌇

**2** 様々な教科や、運動会やクラスマッチ、文化祭などのイベントを通
して、日本人としての文化や教養が身につく。日本人なら誰でも知っ
ているスポーツ、誰でも知っている昔ばなし、だれでも知っている遊
びなどを知り、日本人として知っておくべき常識を身につけていく。

⌇または⌇

**2** 様々な活動やイベント、先生の生き方などを見て、良い市民として
の生き方を学ぶ。どのような生き方、どのような考え方が、良き市民
として正しいのか、日本人としてどう生きるべきなのかを知る。模範
的な日本人としての、穏やかで理性的な人間関係をしっかりと築く生
き方を学ぶ。

**模範解答**

**問題1**

　学校が自然と呼ぶには程遠いのは、自然に集まったわけではないのに、
子どもたちが一か所に集まって同じ授業を受けるからである。学校では、
同年代の子どもたちが教室で並んで何時間も授業を受ける。子どもたち
がしっかりと授業を受けるように、先生が監督している。児童は行きた
くなくても学校に行かなければならないと考えている。子どもたちが自
然にはそのようなことはしないので、牢獄のような面がある。

**問題2**

　教科以外の「かくれたカリキュラム」とは、その地域の人々の考え

方、人間関係の築き方、良いとされる生き方のことであり、ひとことで言えば、民主国家日本の文化である。

　国語などの教科で、物語などを通して、思いやりをもって愛情を抱きながら生きる日本人にふさわしい生き方を学ぶ。社会科などで平和日本の民主主義の考え方や生き方を学んだことを、クラス委員の選挙で民主主義社会の原則を実際に行うことによって、民主主義社会の考え方を実践し、それを身につける。同時に、選挙に選ばれるのが、どのような人なのか、どのような人を選ぶべきかも学ぶ。体育で、日本人として体を鍛え、チームワークを大事にしてチームで戦うことの楽しさを学ぶ。その実践として、クラスマッチなどのイベントで、戦い方、敵に対する態度なども学ぶ。先生の穏やかで理性的な生き方をみて、日本社会でよいとされている人間の生き方、考え方を学ぶ。こうして、民主主義的で平和な国、日本で生きていく良い日本人としての、民主主義的で社会性を持った人間の生き方を学ぶのである。

## ◆役に立つ知識

### ・学校の役割

　学校には、「よい国民を作る」という要素が強い。アメリカ合衆国も中国もロシアも、そして日本も、それぞれ自分たちの国の正義を守り、国を支える国民を作るための教育を行っている。

　日本の場合、明治以降、日本で学校制度が整備されたが、そこでは「富国強兵」のための教育が重視された。日本の産業を支える知識と能力を持ち、しっかりした体力を持つ人間を育てるために、様々な教科が教えられた。また、上の人の命令をよく聞き、日本国家のために自分を犠牲にしても戦い、天皇のために命をささげることのできる人間を教育するための「修身(しゅうしん)」という教科も重視された。

　戦争に敗北した後、これに問題があったとして日本の教育の在り

方は大きく変化したが、やはり良い国民を作るという姿勢は変わらない。戦後の教育の方針は、ひとことで言えば、「平和国家日本を支える国民を作る」という方向に変化したといえるだろう。

# 学問と「世間」

## 阿部 謹也（あべ・きんや）

---

**課題文の要約**

　わが国の大学はドイツを規範として生まれたが、後進国として欧米に追いつくために、教養ばかりでなく実学にも配慮した。教養教育は、当時の高等学校で中心的に行われた。

　わが国の学問は、欧米を追いつくべき手本としたため、学者たちには欧米崇拝の学問的態度が生まれた。欧米は理想とされ、知識人たちは欧米を賛美していれば仕事は果たせたのである。だが、わが国の知識人には欧米を賛美しながら家庭ではきわめて日本的な態度をとっている者も見られた。こうした行動の矛盾に知識人が無自覚であったため、わが国の現実は変革されなかった。口先だけ欧米の理想を唱えて、自らの態度は変えないのである。

　欧米中心主義の学問では、知識人は欧米は紹介するけれども紹介だけに終わり、わが国の現状を欧米に合わせて改善しようとは努力しなかった。その例として人権という概念がある。人権はよく言われる言葉であるわりに、その概念がきちんと理解されていないので、結局「世間」など日本的な人間関係の中で片づけられてしまい、わが国に人権意識が根づかない。同じように、欧米に由来する概念はほとんど表面的な理解にとどまっており、日本人の日常生活に生かされていない。

　欧米の概念や制度が日本ではなぜ生かされていないのか、その理由を自分なりに述べることが求められている。こういった設問の場合も、イエス・ノーを論じる形に持ち込むとよい。筆者は、欧米の概念や制度が日本で生かされていない理由として、「日本では、西洋の学問が紹介されるだけで、概念や制度を日本に根付かせる努力がなされなかった」と述べているので、この指摘は妥当かどうかを検討するのがよいだろう。第一段落で筆者の指摘は正しいかといった問いを立て、あとは型通りに論じていくとよい。

　筆者の指摘は妥当だという立場をとる場合は、課題文にある「人権」以外の、西洋から輸入された概念や制度などを例として挙げながら、筆者の指摘の正しさを論証する必要がある。例としては、「民主主義」「個人主義」「ボランティア」などが考えられる。

　筆者の指摘は妥当ではないという立場をとるのであれば、西洋の概念や制度が日本に根づきにくい理由を、課題文とはやや異なる視点から論じなくてはならない。「学校教育が西洋の概念や制度を根付かせることに役立っていない」や「西洋の概念や制度そのものが、日本人の意識に合わない」などの理由が考えられよう。

**構成例**

A　課題文の主張に賛成の立場

1　筆者は、「西洋の概念や制度が日本人の生活に生かされていないのは、西洋の概念や制度が日本に根づかせようとされなかったからだ」と指摘しているが、そのとおりだと考える。

2　確かに、西洋の概念や制度は西洋文化圏の中で発達してきたものである以上、それをそのまま文化圏の異なる国に持ってきても、根づきにくいのは当然であって、日本社会に特別の要因があったわけではな

いと考えられなくもない。しかし、筆者の言うように、日本では特に表面だけ西洋化されたことに問題がある。

**3** 「和魂洋才」という言葉に端的に示されているように、明治以降の知識人は西洋から近代国家建設のために有用な学問を輸入してきたが、そうした学問の根本にある西洋的な精神までは日本に取り入れようとはしなかった。こうした事情は戦後になっても基本的には変わらなかった。たとえ西洋の概念や制度を根づかせようとする知識人が出てきても、一般大衆からは単なる西洋かぶれとして扱われるだけだった。

**4** したがって、筆者の指摘は正しいと考える。

**B** 課題文の主張に反対の立場

**1** 筆者は、「西洋の概念や制度が日本人の生活に生かされていないのは、西洋の概念や制度が日本に根づかせようとされなかったからだ」と指摘しているが、それは間違いだと考える。

**2** 確かに、日本では西洋の学問や制度が表面的に紹介されるだけで、西洋の概念を本気で日本社会に根づかせる努力がなされてこなかったという面はあるだろう。これは批判されてしかるべきだ。しかし、西洋の概念や制度が日本に根づきにくいのには、もっと大きな理由がある。

**3** 問題はむしろ学校教育にこそある。戦後の学校では、民主主義的な教育が行われはしたが、「公民」などの教科で習うことは受験のために暗記するものでしかなく、「民主主義」や「人権」といった基本理念の深い理解にはつながらなかった。そのため、西洋の概念や制度をいくら根づかせようとしても、日本人はそれらを実生活でどう生かせばよいのかわからないのである。

**4** したがって、筆者の指摘は一面的であり、もっと重大な原因がある

と考える。

　課題文で筆者は、「西洋の概念や制度が日本人の日営生活になかなか生かされないのは、日本では西洋の学問がただ表面的に紹介されるだけで、西洋の概念や制度を日本社会に本気で根付かせる努力がなされてこなかったからだ」と説明している。では、この筆者の説明は、はたして妥当なのだろうか。

　確かに、筆者の言うように、日本では西洋の学問や制度を表面的に取り入れただけだった。そのために、日本では西洋の考えが庶民の知恵として生かされておらず、多くの人が相変わらず個人の人権を重視しない封建的な考えをしている。もっと西洋の好ましい考えを取り入れ、それを日本人の心の中で育てる努力が必要だろう。だが、だからといって、そのような現在の状況の原因が明治以来の表面的な西洋文化輸入であるとするのは、いささか無理があるように思われる。

　西洋の概念や制度が日本人の生活になかなか根付かない原因は、日本の学校教育にこそある。戦後の教育制度では、義務教育の段階で、日本人は必ず「公民」という教科を学習する。だが、他の教科と同様この教科で習うこともまた、受験のための暗記で終わってしまい、例えば「民主主義」といった基本理念について深い理解に至ることは難しい。そのため、表面的な知識として「民主主義」という言葉は知っていても、実際に一般市民として「民主主義」とどうかかわっていけばよいかは、多くの日本人がわからないままなのである。これでは、西洋の概念や制度をいくら日本社会に根付かせようとしても、日本人は旧来のムラ社会的な意識から今後も脱することはできないだろう。

　したがって、西洋の概念や制度が日本社会になかなか根付かないのは、制度のみしか取り入れられなかったからではなく、受験制度に今もなお

縛られている学校教育のあり方に大きな問題があるからだと考える。

## ◆役に立つ知識
### ・欧米中心主義とこれからの教育

　課題文で指摘されているように、これまでの日本の教育は欧米の水準に追いつくことに重きが置かれていた。その結果、まねること、学ぶことが主な勉強になり、暗記中心で応用力は軽視されがちだった。日本が経済成長を遂げていく過程ではそうした教育は有用だったが、現在では先進国の仲間入りを果たし、一部の分野では欧米の水準を超えるまでに至った日本が、これからも欧米追従型の教育を続けていいのか、ということが議論となっている。これからは日本が世界のモデルとなるような概念・制度を中心とした教育から、創造・表現を中心とした教育への変更が求められていると言える。

# 第11講　相対主義

## 山口 裕之（やまぐち・ひろゆき）

### 課題文の要約

　「正しさは人それぞれ」「みんなちがってみんないい」「人や文化によって価値観が異なり、それぞれの価値観には優劣がつけられない」という相対主義が広がっている。「絶対正しいことなんてない」「何が正しいかなんて誰にも決められない」と主張する人もいる。こうしたことを主張する人たちは、おそらく多様な他者や他文化を尊重しようと思っているのだ。その主張が本当に多様な他者を尊重することにつながるとは思えない。そもそも、「正しさ」を各人が勝手に決められないし、人間は本当にそれほど違っているのかも疑問だ。世の中には、両立しない意見の中から、どうにかして一つに決めなければならない場合がある。「みんなちがってみんないい」というわけにはいかない。

### 考え方

　この課題文は「正しさは人それぞれ」「みんなちがってみんないい」「人や文化によって価値観が異なり、それぞれの価値観には優劣がつけられない」という相対主義に反対している。そして、「世の中には、両立しない意見の中から、どうにかして一つに決めなければならない場合がある」と語っている。

227

これを読んで、「価値観が違う人とわかり合うため、私たちは相対主義の持つ問題をどのように克服すべきなのか」について語ることが求められている。

　課題文で語られる、両立しない意見の中から、どうにかして一つに決めなければならない場合にはどのようなものがあるか。

　例えば政治問題がある。防衛力を持つかどうか、軍事力を強化するかどうか、新たな法律を作るかどうか。これらについて、「どちらでもいい」とは言っていられない。複数の人が所属する集団がどう進んでいくか、これからの方針を決める時、必ず一つに決めなければならない。

　家庭も数人から成る場合には、それは集団なので、今度の連休に家族でどこかに行くか、誕生祝いをどうするかといったことにも、また、子どもの進路を決めるにも、「人それぞれ」と言っているわけにはいかない。一つに決める必要がある場合が多い。

　国際的に問題になっている場合もある。国と国、社会と社会の宗教や文化の違いだ。

　例えば女性の人権を認めない宗教がある。イスラム教の中でも特に厳しい社会では、女性は顔を出してはいけない、からだを全部覆い隠さなければならない、女性は働いてはいけない、女性に教育は必要ないといった考えが強いところもある。そのような人たちがみんなで納得してある地域に集まって生きているのであれば、それほど問題にならないが、グローバル化した現代、そのような価値観と、現代の民主主義に基づく価値観でぶつかり合う。これに対して、「どちらでもよい」とは言えない。民主主義に価値観に基づくと、自分や周辺の人の人権が否定されているのを黙って見過ごすわけにはいかない。それぞれの価値観を認めることはできず、どうしても対立が起こってしまうので、衝突を防ぐためにも何らかの解決策を示す必要がある。

　また、世の中には、「自分だけが正しく。ほかは認めない」という価

値観を持つ人がいる。自分たちの宗教を絶対視して、それ以外の宗教を邪教とみなして迫害してよいと考える人がその典型例だ。そのような価値観の人を認めていたら、社会全体が多様性をなくしてしまうだろう。

　このような場合、普遍的な正しさがあるのかないのか、何を重視して決定するのかを考える必要がある。

　「自分の価値観を絶対視する価値観だけは認めない」「何よりも、人権を重視する。人権が否定されるような価値観を認めない」「自由意思を何よりも重視する。それが否定されるような価値観は認めない」「争いを起こすことが何よりも悪いことなので、それを避けることを重視する」などの考えがあるだろう。

　字数が少ないし、提言型なので二部構成を用いて、初めにずばりと意見を書いて、次にそれを説明する形で書くのが最もまとまりやすい。

### 構成例

1　私は、基本的に多様な価値観を認めたいと思っている。しかし、「多様な価値観を認めない」とする価値観については絶対に認めない。それを原則として対処したい。

2　偏狭な宗教がある。自分たちの宗教だけが正しいとみなして、それ以外の宗教を否定し、それを信じる人を迫害する。そのような人々に対しては断固として戦い、別の価値観も認めるように説得を重ねる。

（または）

1　私は、できるだけ多様な価値観を認めたい。しかし、人権を何よりも重視するということは普遍的な価値だと考えるので、それを最も重視して判断する。

2　他者の人権、弱者の人権を軽視する価値観については認めない。何よりも人権を重視する。人権を否定するような価値観に対しては議論をして、理解してもらうように努力する。権力者が人権無視の行動を

とるときには、それに抗議して、多くの人に人権こそが最も普遍的な価値であることを訴える。

### 模範解答

私は、基本的に多様な価値観を認めたいと思っている。しかし、「多様な価値観を認めない」とする価値観については絶対に認めない。それを原則として対処したい。

偏狭な宗教がある。そのような宗教を信じる人々は、自分たちの宗教だけが正しいとみなして、それ以外の宗教を否定し、それを信じる人を迫害する。原理主義と呼ばれるイスラム教徒の一部の人々がそのような考えを持っているといわれている。また、偏狭な愛国主義がある。自分の属する民族が優れているとみなして、ほかの民族を差別し迫害する。私はそのような考えを信奉する人々に対しては断固として戦い、そのような価値観の人については説得を重ねる。そのような価値観を認めると、社会の多様性が失われてしまうからである。多様性を守るために、多様性を否定する価値観を排除したいと考える。

## ◆役に立つ知識

### ・文化相対主義

20世紀後半から、「先進国の文化も途上国の文化も、文化に優劣はない。すべての文化は相対的なので、先進国の文化を押しつけるべきではない」という「文化相対主義」の考えが広まった。そして、それまで「野蛮」と思われていた様々な文化も欧米の文化と対等の文化として認められるようになった。

ところが、新たな問題が出てきた。例えば、世界には、女性差別的な文化や特定の宗教しか認めないような文化がある。そのような文化も認めるのか。グローバル化が進んで、国境を越えた交流が盛

んになると、この問題は一層深刻になっていった。そして、問題が起こるごとに、「人権」を訴える西洋社会と対立して、「西洋からは人権侵害に思えるにしても、これが我々の文化である。だから、それを認めるべきだ」と主張しながら、国民の人権を侵害し続ける国家が増えてきた。

　そこで、近年は、基本的には文化相対主義を基本とするにせよ、人権尊重などの普遍的な価値がある文化の存在を認めるべきだという考えが広まっている。

# 孤独

## 下重 暁子（しもじゅう・あきこ）

---

**課題文の要約**

　仏陀の言葉に「犀の角のようにただ独り歩め」という言葉がある。一人で自分の歩みを決めなさいという意味である。孤独を避けたいと思う人が多いようだが、人間は一人になって孤独と向き合うことが大事だ。座間市で自殺希望の人を次々と殺すという事件が起こった。自殺希望の人も実は死にたいと思っていたわけではなく、だれもかまってくれなくて淋しく思っているに過ぎなかった。その人たちは淋しさを埋める人を探したのだろう。しかし、淋しさと孤独は違う。淋しさは一時の感情だが、孤独は一人で生き抜く覚悟である。孤独はみじめではない。

---

**考え方**

　課題文は論理的に書かれていないが、エッセイなのでわかりやすい。簡単に言えば、「淋しいと思って人とつながりたくなる人が多いが、孤独は悪くない。一人で生きていく覚悟が孤独である。一人になってみることが大事だ」と語っている。

　ただし、論理的な文章ではないので、孤独がなぜ良いのか、なぜ一人で生きるべきなのかは十分に説明していない。

　問1 は、著者の述べる「孤独」について200字以内で説明するこ

とが求められている。筆者は孤独を大事なものとして捉えていること、自分を見つめ直す機会とみなしていることを中心に書けばよい。

　問2 は、「孤独」についての意見が求められている。課題文では、簡単に言うと、「孤独は悪くない。孤独の中で自分を見つめて、自分をいとしむべきだ」と語っているのだから、それに同意するかどうかを書けばよい。

### 構成例

A　**課題文に賛成して、「孤独は悪くない」と考える立場**

1　孤独は悪くないと考えて、孤独と向き合うべきだろうか。

2　確かに、独りでいることは淋しい。仲間を持つことも大事だ。仲間からさまざまな支えをもらうことができ、生きがいを与えられる。だが、孤独に向き合うべきだ。

3　人間は一人で生まれ、一人で死んでいく。孤独は人間の本来のあり方だ。人間は孤独の中で生きるように運命づけられている。人と群れるのは、その事実をごまかすためにほかならない。自分に向き合う孤独の時間こそが大事である。

または

3　孤独とは、周囲に合わせないで自分に忠実に生きていこうとすることだ。誰にも邪魔されずに自分の価値観を貫くことができる。人間は多くの時間を周囲に妥協して生きているが、孤独であることを覚悟すれば自由にできる。

4　したがって、孤独に向き合うべきだ。


B　**課題文に反対して、「孤独は避けるべきである」と考える立場**

1　孤独は悪くないと考えて、孤独と向き合うべきだろうか。

2　確かに、時々、孤独に向き合うのはよいことだ。そうすることで自

分を知ることができ、いったん社会から離れて冷静に考えることができる。しかし、恒常的な孤独はよいことではない。

**3** 他者との関係を築けずに孤立してしまい、自分の存在を周囲に認めてもらえないことによって孤独になる。孤独を楽しめるのは、一部の孤独を楽しむ資質を持った人だけであって、多くの人間は他者との関係によって自分を築き、生活をしていく。

（または）

**3** 他者との支え合いなしに人間社会は成り立たない。孤独を楽しむのは一時的なことであって、人間は経済的にも社会的にも一人では生きていけない。

**4** したがって、孤独に向き合うべきではない。

**模範解答**

**問1**

　人間は一人になって孤独と向き合うことが大事だ。悩みや恨みは人間関係から生じるので、それを断って一人になるのが大切だ。そうしてこそ、自分の本音を知ることができる。人は誰もわかってくれないと考え、淋しさから他人とのつながりを求めるが、それを断って、孤独に生きるべきだ。誰にもわかってもらえなくてもいい。一人のほうが好きなことやしたいことができる。孤独の中で自分を見つめることは愛しいことだ。

**問2**

　筆者は孤独であることを肯定的にとらえている。しかし、私は、一時的に孤独を感じて、自分を振り返るのはよいと思うが、恒常的に孤独であるべきではないと考える。

　人間は他者なしに生活することはできない。人は他者との関係を築かずに生きていくことはできない。自分がどんな人間であるかも、自分を

見ているだけではわからない。他者と関係を持ち、他者の価値観とぶつかり、他者に批判され、あるいは評価されて自分を知る。そればかりか他者との関係によって、自分の生きる価値を感じることができる。他者が喜んでくれたり、頼りにしてくれたりすることによって生きがいを感じることができ、自分が生きている実感を得ることができる。自分が社会のひとりであると自覚するのも、他者を介してである。無理に多くの友を持つ必要はないにせよ、他者との関係を持ってこそ、自分らしく生きていくことができるのである。

## ◆役に立つ知識

### ・「孤独死」

　近年、高齢化が進んでいる。それに伴って、地方でも都会でも高齢者の一人暮らしが増えてきた。そして、それにともなって孤独死が増えている。経済力や生活力のある人であれば、孤独でも生きていけるが、経済力がない人、健康を害した人は一人で生きるのは難しい。人知れず死を迎えるといったことが起こっているわけだ。

　今のような状態をなくすために、普段から地域の人々のつながりを重視する必要がある。このような試みは、災害時の地域住民の助け合いなどにも役に立つ。

　かつてのような、他人のプライバシーを無視するような地域の付き合いではなく、もっと現代的なつながりが求められている。

# 第13講 地方都市

## 矢作 弘（やはぎ・ひろし）

**課題文の要約**

　地方都市に郊外立地型大型店が次々とできているが、それらは地域環境型経済を揺るがし、地域の雇用機会を破壊し、中心市街地では、車弱者を買い物難民にする。そのタイプの大型店は、郊外にコンクリートの店を作って、そこに自己完結的な空間を作って、地域社会と関係を作らない。域外で調達された商品を仕入れ、運搬なども域外の会社を使う。また、地域雇用については、商店街で働く人が減って、大型店で働く人が増えているが、その雇用形態は低賃金のアルバイトや不定期雇用である。

### 考え方

　課題文が問題にしているのは、地方都市の郊外に増えている大型店だ。その土地の資本ではなく、ほとんどが大都市に本社を持つ全国規模の大手のお店で、スーパーなどの小売店だけでなく、ゲームセンターや映画館なども含むことも多い。

　課題文では、そのような大型店が地域経済を壊していると主張している。そのような店は、地域の良い環境を破壊し、また、仕入れは地域から行わないで、本社と取引のある大企業から行っているので、地域経済

は潤わない。雇用についても、元の商店街で働く人が減って、安い賃金でアルバイトなどで働く人が増えるだけで、利益を得ている人は少ない。車で行かなければならない郊外店なので、車を持たない人は買い物に行けなくなっている

　これを読んで、筆者の考えをまとめたうえで、それに対する自分の考えを示すことが求められている。もちろんこの課題文は一言でいえば、「郊外型大型店は地域経済にとって良くない」と語っているのだから、その考えが正しいかどうかを論じるのが正攻法だ。

　課題文の主張に反対するのであれば、「大型店は地域のためになっている」という方向で考える必要がある。あるいは、「このようにすれば、地域のためになる」というような対案を示すのでもよい。

### 構成例

**A　課題文に賛成する立場**

1　郊外型大型店を地方に出すのはよいことなのか。

2　確かに、地方の人も便利な都市型生活を求めている面がある。だが、大型店が地方に出店するのはよいことではない。

3　郊外型大型店は、経済を壊すだけでなく、その地域の文化も壊す。大型店によって、その地域特有の食文化なども薄れ、全国一律になってしまう。どこの大型店も全国同じようになる。

　　（または）

3　郊外型大型店が経済の中心になると、地方が住民たちの力で産業を興して、経済的に繁栄しようという意識がなくなる。地域は大型店を消費しているだけになってしまって、ますます経済が低迷する。

4　したがって、私は郊外型大型店によって地方が一律化することに反対である。

**1** 郊外型大型店を地方に出すのはよいことなのか。

**2** 確かに、地方が独自性をなくすのは問題がある。だが、大型店の出店などは悪いことではない。

**3** 現在の地方都市は、そこで暮らす人たちからも時代遅れで流行から外れていると思われている。大型店によって地域の人は安くて良質のもの、都会的なセンスの物を買えるようになる。そうしてこそ、日本全体の文化レベルが上がり、新しい文化が地方から生まれる。そのためには、都会に直結している郊外型大型店は悪くない。

（または）

**3** 大資本による大型店を地方に作り、それを中心に地域の公共施設などを建設して、「コンパクトシティ」とすることによって、そこに行けば生活に必要な多くのことができるようになり、高齢者にも好ましい社会になる。むしろ、郊外型大型店の周辺に地域の店を増やすことを考えるべきだ。

**4** したがって、郊外型大型店が地方に出店するのは好ましいことだ。

**模範解答**

　地方に進出している郊外型大型店には、地域経済を破壊するという問題がある。つまり、大型店のために地域の商店街に人が集まらなくなり、お店は倒産し、そこで働いていた人も職を失う。賃金の安いアルバイトなどの非正規雇用の人ばかり雇うので現地の人の収入にはあまりならない。郊外型大型店は商品の仕入れもその地域を使わないので、地域の利益にならない。郊外にあるので、車を持っていない人や、高齢者は買い物に行けなくなる。では、大型店を地方に出すのはよくないことなのだろうか。

　確かに、大型店が次々と進出して収益を集めているということは、地

域の人もそれを求めているということである。安くておしゃれで良い商品が手に入り、そこに行けば都会の雰囲気が味わえるので、人々は集まってくる。郊外型大型店の魅力を否定できない。しかし、やはり地域を破壊する大型店を認めるべきではない。

課題文に紹介されていることのほかにもう一つ、大型店進出の問題がある。それは、地域色をなくしてしまうことだ。郊外型大型店によって、その地域特有の食文化なども薄れ、全国一律になってしまうのである。地域にはその土地特有の文化がある。その土地の名店がある。その土地独特の食べ物がある。だが、大型店はそのようなものを仕入れない。仕入れたとしても、地域人が本当に喜ぶものではない。だんだんとその地域の特色は薄れ、日本中の地方都市が同じようになってしまう。土地の魅力を失い、住む人の愛着をなくしてしまう。

以上述べた通り、郊外型大型店は地方文化、地域の特色も奪うので、私はこの進出に反対である。

## ◆役に立つ知識
### ・コンパクトシティ構想

現在の農村地帯や小都市は、広い地域にあって、学校や病院、図書館、お店などが離れたところにある。それでは不便であり、とくに車の運転ができなくなった高齢者などには利用できないことになってしまう。そこで考えられているのが、地方都市を狭い地域に集中させようというコンパクトシティ構想だ。

そうすると、病院や学校、図書館、小売店などが集められ、人々の出会いの場所もでき、経済的に効率よく進められる。ただし、それを実現するには、多くの人がこれまで住んできた家を捨てることになり、山間部での産業に直接関われなくなるので、しばらく時間がかかりそうだ。

# ジョブ型雇用

## 松本 順市（まつもと・じゅんいち）

---

**課題文の要約**

　雇用の仕方に「メンバーシップ型」と「ジョブ型」がある。日本で現在、行われているのは、「メンバーシップ型」で、雇用の基点が人ありきで、新卒一括採用した社員を異動や転勤などを繰り返して企業に貢献する人に育てていこうとする手法だ。日本型経営の年功序列や終身雇用もメンバーシップ型の特徴だ。それに対して、「ジョブ型」というのは、雇用するとき、職務内容に必要な人を内容に見合った金額で採用する手法をいう。

　現在、メンバーシップ型雇用には、「重要な仕事をしても若者の給料が安い」「社員の意欲が薄い」「優秀なグローバル人材／高度なテクノロジー人材を採用できない」「専門性の高い人材が育ちにくい」「日本企業の国際競争力の低下」などの問題が起こっている。そのためジョブ型に変えるべきだという意見がある。ジョブ型にも、アメリカ型と欧州型があるが、現在、日本でイメージされているのは、職務内容に応じて雇用が行われ、その仕事がなくなったら解雇が可能な手法である。

　メンバーシップ型の場合、若手が大事な仕事をしていても賃金は安いが、時間がたつうちに高くなるという仕組みがあった。また、仕事内容を可視化していないために、若手社員の仕事がどれほど大事かが明確でないために、若手社員も不満を言えな

かった。また、テクノロジー人材に高い賃金を支給されないので、人材が国外に流出するなどの問題がある。そこでジョブ型雇用に改めるべきだと考えられている。

　だが、新しい人事制度が話題になるときには、大きな環境変化がある。人件費削減を正当化するために、一時、成果を上げた人に高い賃金を出す成果主義が使われた。だが、その結果、成果を上げた人がほかの人にやり方を教えなくなって、むしろ職場の雰囲気が悪くなった。ジョブ型についても慎重に考える必要がある。

## 考え方

　この課題文は、これからジョブ型雇用の手法を取り入れるべきかどうかという問題について説明している。

　もう一度整理してみよう。

　現在の日本は、「メンバーシップ型」であって、新入社員を一括採用して、社内で教育をして一人前に育てていこうとする。「人を採用して、育てていく」という意識なので、「メンバーシップ型」と呼ぶわけだ。

　それに対して、「ジョブ型」というのは、「ジョブ＝仕事」を意識して採用する手法を言う。つまり、「IT技術を持つ専門家を採りたい」「中国語に堪能な人を採りたい」というように、仕事中心に考える採用法だ。

　課題文中に、メンバーシップ型雇用の問題点は説明されているが、ジョブ型の問題点についてはきちんと説明されていない。ジョブ型にすると、どんなことが起こるか、少し頭を使って考える必要がある。課題文には、「仕事が必要なくなったら解雇することになるが、保証があって解雇しにくい状況では、ジョブ型は機能しない」という面が挙げられて

いるが、そのほかにも日本では定着しにくい面があるだろう。それを考えてみると、書く内容について手がかりが見つかる。

### 構成例

A **ジョブ型にするべきだという立場**

1 ジョブ型雇用にするべきか。

2 確かに、ジョブ型には、採用した仕事が不要になったときにどうするかといったことなど、問題も多い。しかし、これからはジョブ型にするべきだ。

3 日本経済は、製品開発に遅れたために、このところ低迷している。しかも、高度な人材が海外に流出している。ジョブ型にして、専門化を進めて、もっと高度な技術開発に力を注ぐべきだ。

〔または〕

3 ジョブ型にすることによって、大学教育もより専門化して、職業と直結するようになる。そうすると社会全体の学習意欲が高まり、専門性も高まる。日本の若者ももっと勉強に励むようになり、日本全体の文化の力も上がる。

〔または〕

3 現在は、せっかくITの専門家を雇用しても、専門家ではない上司の指示に従わなければならなかったので、能力を十分に発揮できなかった。だが、ジョブ型にして、高賃金の高い地位の人材として雇用すれば会社全体も機能するようになり、即戦力を雇用できるので、新企画などを立ち上げやすく、時代に即応した事業展開ができる。

4 したがって、ジョブ型にするべきである。

B **ジョブ型にするべきではないという立場**

1 ジョブ型雇用にするべきか。

**2**　確かに、ジョブ型の良い面をいくぶん取り入れて、高度な人材を増やす必要はある。しかし、ジョブ型にするべきではない。

**3**　ジョブ型にすると、会社愛といった日本型経営の強みがなくなり、会社員が所属意識をあまり持たなくなる。そうなると会社の連帯感がなくなり、定着率が悪くなり、結局、会社の利益につながらない。

（または）

**3**　ある職種が必要なくなった場合、解雇する必要が出てくるが、従業員の権利の上で問題が起こる。結局は解雇できなくなり、不要な人材を抱えることになる。法改正して、解雇しやすくする改革が必要になるが、そうなると、雇用が不安定になって、従業員はいつ解雇されるかわからなくなる。

**4**　したがって、ジョブ型雇用を取り入れるべきではない。

**模範解答**

　日本でもジョブ型雇用を取り入れるべきなのだろうか。

　確かに、ジョブ型雇用にすると、これまでの日本の企業に見られた会社愛が薄れる恐れがあるだろう。会社員は、ただ期待されている仕事をするだけで、所属意識を持たず、ほかの社員との連帯感を持たなくなる。会社のために努力しようという気持ちも薄れ、将来的に会社を繁栄させ、自分もその恩恵にあずかろうという意識を失う。結局は努力を怠るようになる。したがって、そうならないようにする配慮が必要である。だが、多少の危険はあっても、ジョブ型雇用を採用するべきである。

　ジョブ型にすることによって、日本の企業の専門性を高め、高度な技術を持つ組織にできるのである。現在、大学新卒者を一括採用して、そこから社員教育をしているが、それでは専門性の高い仕事はできない。即戦力にならず、様々な社内の改革や新商品の企画に時間がかかる。この十数年、日本経済が低迷してきた大きな原因の一つは、人件費を抑

え、経費を節減することばかり重視して、技術革新や商品開発に力を入れなかったことにある。そこで、ジョブ型雇用にして、大学で専門性の高い勉強をしてきた学生を専門職として、それにふさわしい給料で採用し、会社でも専門性を高めてもらうようにする。そうすることで商品開発が進み、世界の競争力に負けない改革を起こすことができる。また、現在では、大学に入ったとたんに安心して勉強しなくなる学生が多いといわれる中、ジョブ型雇用することによって大学生も専門の力をつけるために勉強をするようになる。社会全体が活気づき、一層高度な技術と文化を持つ社会になっていく。

　以上述べた通り、日本社会全体を活気づけるためにも、ジョブ型雇用の手法を取るべきだと考える。

## ◆役に立つ知識

### ・日本型経営

　グローバル化する以前、日本の企業のほとんどが取り入れていた経営手法を「日本型経営」と呼ぶ。現在では、かなり変化してきたが、今でもそのような傾向は残っている。

　日本型経営は、「終身雇用制」「年功序列賃金制」を特徴としている。社員は新卒で就職した会社に定年まで勤め上げ、会社は定年までその社員の面倒を見る。そのため、社員は会社に忠誠心を持ち、自分を犠牲にしても会社のために働こうとする。その結果、企業は一つの家族のように思われ、経営者は家族のために経営を行い、社員は自分たちの家族を繁栄させるために働くような風潮があった。

　このような経営が成功して、20世紀後半には日本は高度成長を遂げ、世界経済をリードし、「ジャパン・アズ・ナンバーワン」などと言われた。

　しかし、個人意識の高まり、グローバル化の進展による海外企業

との競争激化、情報化による雇用形態の変化などによって、日本型経営を行う企業は減ってきた。とはいえ、まだこのような経営を行う企業は残っており、その良さを再評価する声も上がっている。これからは日本型経営の良い面を取り入れる経営が模索されるだろう。

# 第15講　外国人労働者と移民受け入れ

## 芹澤 健介（せりざわ・けんすけ）

**課題文の要約**

　日本全国にコンビニは55000店あるが、そこで働く外国人が増えている。このような状況が広がる背景にあるのが、人手不足である。24時間営業を取りやめる動きも出ているが、それは広がりそうもない。その結果として、外国人が使われるようになっている。時給が安いために日本人はコンビニで働きたがらず、外国人が日本語を勉強し、文化を勉強するのに都合がよいということで働いている。外国人労働者の数は100万人を超している。今や日本の経済は外国人抜きでは成り立たない。2017年に政府は外国人の受け入れの検討を進めることになったが、移民政策を取らないとしている。政府は「移民」を入国の時点で永住権を持つものと見なし、就労目的の在留資格は移民に当たらないという、世界的に類のない定義をしている。外国人単純労働者の受け入れについては、分野別に個別に必要性のある分野では進めている。移民という言葉は犯罪率が高まるという悪いイメージがあるので、移民という言葉を使いたくないと政府は考えている。

設問1 では、「コンビニの異変」について問われている。人手不足が深刻で、時給が安いために日本人が働きたがらずに外国人に頼っている状況を説明すればよい。これは論じる問題ではなく、読み取り問題。

設問2 では、下線部についての説明が求められている。これも読み取り問題。事実上外国人がたくさん日本で働き、住み着いているのに、移民という言葉の定義をいじって移民が多いことを認めていない状況を説明すればよい。

設問3 では移民受け入れについての意見が求められている。

課題文に記されている通り、すでに日本は外国人労働者を受け入れている。業種による制限を設け、特定技能などの枠を作って選別して入国を許可している。事実上、移民と大差ない外国人がたくさん暮らしている。ところが、日本政府は、かなり強引な定義をして、移民という存在を警戒して、「外国人労働者は受け入れるが、移民は受け入れない」という立場をとっている。

この文章を読んで意見が求められているのだから、「これからは移民をきちんと受け入れるべきか」について論じるべきだ。

では、移民を受け入れるべきなのか。「受け入れる」ということになれば、現在よりも永住外国人が増え、外国人街のようなところも増えるだろう。「受け入れるべきではない」ということになれば、現在のように、技能実習生、特定技能者、留学生といったように制限をつけて、労働者として役に立つ人を選別して受け入れることになる。それについての判断が求められている。経済、文化、治安がどうなるかを考える必要がある。ただし、外国人差別にならないように気をつけて書く必要がある。外国人が増えたからと言って、それが治安悪化に直接結びつくわけではないことも理解したうえで考えなくてはいけない。

## 構成例

### 設問3

**A** **外国人移民の受け入れに賛成の立場**

**1** 外国人移民を受け入れるべきか。

**2** 確かに、移民が増えると、以前から住む人との間や、移民同士で文化対立などが起こる可能性があるので、そうならないような対応が必要である。しかし、移民の受け入れを拒否するべきではない。

**3** 現在の日本では急激に少子高齢化が進み、労働力不足に陥っている。それだけではなく、人口減少によって経済活動も停滞している。日本人の出生率を上げるのは難しいので、労働力や消費の拡大を外国人に頼る必要がある。移民を増やすことによってそうした問題を解決できる。

（または）

**3** グローバル化が進んで、優秀な人材は国境を越えて仕事を求めている。新興国の優秀な人材を育成し、新興国と交流し、ともにグローバル社会を生きていけるようにすることによって、世界の経済、文化の発展を続けることができる。

（または）

**3** 移民を受け入れることによって、経済ばかりでなく、文化的にも豊かになる。多様な価値観が認められるようになり、寛大でグローバルな文化が日本に根づいていく。そうすることで、これまでの閉鎖的な文化を打ち破って、誰にとっても住みやすい社会にできる。

**4** したがって、私は外国人移民の受け入れに賛成だ。

**B** **外国人移民の受け入れに反対の立場**

**1** 外国人移民を受け入れるべきか。

**2** 確かに、少子高齢化が進む日本では、労働力不足を補うために、あ

る程度の外国人労働者の受け入れが必要になるかもしれない。しかし、必要以上の移民を受け入れるべきではない。

**3** 移民という文化や価値観の異なる人々を受け入れることで、元から住んでいる住民との間に文化的な対立が起こる可能性がある。また、移民同士の宗教対立などが起こるおそれもある。そのような例が欧米で頻発している。そのような危険は避けるべきである。

（または）

**3** 移民が増えると、元から日本で暮らす人々の仕事を奪うことにつながり、職の奪い合いが起こり、対立が起こる可能性がある。そうすると、テロや犯罪が起こる可能性がある。

**4** したがって、私は移民の受け入れに反対だ。

**模範解答**

設問1

コンビニは人手不足に陥っている。時給が安いために日本人はコンビニで働きたがらなくなり、外国人が働くことになった。日本語を勉強し、文化を勉強するのに都合がよいということで働いている。

設問2

政府は外国人を労働力としながら、「移民」は受け入れないという態度を取っている。労働者は必要なので受け入れるが、移民という言葉は犯罪率が高まるという悪いイメージがあるので、移民という言葉を使いたくないと政府は考えているからである。そのため、あくまでも「移民は認めない」という立場を取っている。そして、「入国の時点で永住権を持つものが移民であって、就労目的の在留資格による受け入れは移民に当たらない」という世界的に類のない定義をして無理やりつじつまを合わせている。

**設問3**

移民の受け入れをもっと進めるべきか。

確かに、移民が増えると、以前から住む人との間や、移民同士で文化対立などが起こる可能性がある。まったく別の文化を持った人々が、コミュニティを作るので異質に思われてしまう。移民同士の対立も起こるだろう。現在、欧米各国が対応に苦慮していることが起こるに違いない。しかし、そうであったとしても、移民を受け入れるべきである。

現在の日本では急激に少子高齢化が進み、労働力不足に陥っている。それだけではなく、人口減少によって経済活動も停滞している。消費者も減って、多くの産業が成り立たなくなりつつある。そうした状況の中、移民を受け入れて、グローバル社会の中で多くの国籍の人と暮らしていくのは大事なことである。そうすることによって、労働力が増え、消費者も増えて日本経済は成り立ち、文化的にも新しい要素が加わって豊かになるだろう。欧米のような多国籍でありながらもその国の文化を持った日本として発展していく可能性があると考えられる。

したがって、私は移民を受け入れるべきだと考える。

## ◆役に立つ知識

### ・在留資格

現在では、働く外国人をよく見かけるが、現実には様々な制限があって、外国人の労働は規制されている。

2019年までは、日本で働くことのできる外国人は専門職の人、日系人、研修生、留学生（ただし、厳しい時間制限がある）に限られていた。それでも、3カ月の観光ビザで入国してそのまま不法に働く人、母国の戦乱や厳しい弾圧から逃れて難民として暮らそうとしながら許可が下りないまま日本に住み着いた人が日本で働いてい

た。労働者不足だったため、日本政府もそれを黙認していた。

　しかし、労働者不足はいよいよ深刻になって、2019年に法改正が行われ、これまでの技能実習生の制度をより効率的なものにし、また新たに特定技能制度を設けて、介護、建設、造船、農業、漁業など、労働力の不足する単純労働の分野で外国人の労働者も拡大して受け入れることにした。

　特定技能は1号と2号に分け、1号は原則として日本語などの試験を受けて合格した人が5年間滞在でき、2号については、より高度な試験に合格した人に認められ、家族の帯同が許され、より長期間の日本滞在が許されることになった。

　しかし、長い間、日本の経済が低迷しており、日本の労働者の賃金も30年以上にわたってあまり上がっていないこと、その結果、日本で働く意味がなくなって、外国人労働者が日本で働くことを求めなくなっている。また、まだまだ閉鎖的な制度のために、外国人が働きにくい状況にある。例えば、介護、看護の場で外国人が求められているのに、資格試験に日本人でも理解に苦しむような難解な日本語が使われているために外国人の合格が事実上難しかったりする。そのため、まだまだ外国人との共生ができない状況が続いている。

## 橋爪 大三郎（はしづめ・だいさぶろう）

**課題文の要約**

課題文を整理すると、以下のようなことが語られている。

① 権利とは法律によって正当化され、法によって与えられているものをいう。たとえば所有権は、モノを持ってもよいという法によって認められた権利を言う。

② それに対して、法律や手続きによって奪うことができない権利を、自然権あるいは基本権という。法律や憲法で奪うことのできない人間固有の権利であり、これは誰にでも備わっている。これこそが人権と呼ばれるものである。

③ 人権には、生命・身体の安全、所有権、幸福追求権、信仰の自由などがあるが、それらには優先順位がある。

④ 政府はなるべく多くの人の基本的人権を守る義務を課せられている。基本的人権の一部が制約されるのは、より重要な基本的人権を守るために真にやむを得ない場合に限られている。

⑤ 人権と公共の利益が対立した場合、政府は多くの人々の人権を守るために、人々の人権を制限することができる。こうしたケースでは公共の利益のために、一部の人々に不利益（優先順位の低い人権の制限）が生じるが、その場合、法律を定めて、それに基づいて人権を制限することになる。場合に

よっては、制限に補償をすることもある。

⑥　ただし、公共の利益は政府の都合であってはならない。国民の人権の総和でなければならない。政府は、その制限がもっと大きな人権の全体として公共の利益になることを説明しなければならない。

### 考え方

問1　は、権利と人権の違いについて、課題文でどのようにとらえられているかの説明が求められている。権利は法律によって認められたものであり、人権が法律によって与えられるのではなく、基本的な権利であることを中心に説明すればよい。「課題文の要約」で記した①②の部分をがそれにあたる。

問2　は、文章中で「公共の利益」をどのように考えるべきだと捉えているかを人権の性質と関連づけて説明することが求められている。⑤⑥の部分を説明すればよい。

問3　は、公共の利益のために人権が制限されることについて、新型コロナウイルス以外の例を選んで、意見を書くことが求められている。

新型コロナウイルス以外で、公共の利益のために人権が制限される例としては、戦争やテロなどの事態が考えられる。また、地震や津波などの災害、道路やごみ処理場、葬儀場などの公共の施設の建設などを考えることもできる。もちろん、できるだけ人権を尊重して、やむを得ない場合だけ公共の利益のために人権を制限することになるが、最終的に公共の利益を優先するべきか、それとも、よほどやむを得ない場合を除いて、ぎりぎりまで人権を制限するべきではないかについて論じるのがうまい方法だ。

第一段落で、新型コロナウイルス以外にどのような問題があるかを説

明した後、最終的にどちらの立場を選ぶべきなのかを問題提起して、自分なりの判断を下すとうまく書ける。

**構成例**

**問3**

**A** 「公共の利益を重視するべきだ」という立場

**1** 公共の利益と人権が対立するとき、どちらを優先するべきか。テロが起こった場合について考える。

**2** 確かに、人権への配慮は必要である。犯人の検挙においても疑わしいだけの人間を拘束したり、暴力をふるったりしてはならない。しかし、移動制限、荷物検査などの制限についてはためらうべきではない。

**3** 日本社会では、国民の自主的判断に任せて、政府が行動制限をするのをためらう傾向が強いが、民意を得て政権についている以上、説明をしたうえでの国民に対する制限をためらうべきではない。その遅れが、テロ対策など急を要する対策を取れずに被害を拡大させてしまうおそれがある。

（または）

**3** テロのために盗聴、荷物検査などが必要になって、罪のない人のプライバシーが侵害されるなどのおそれがあるが、テロが起こると、個人の命、民主主義が危険にさらされるのだから、優先順位の高いことを重視するべきだ。

（または）

**3** テロに対して政府が行動制限をしないで、国民に任せると、むしろ国民が自粛し、テロ対策に応じない人々を攻撃するようになる。そして、新型コロナウイルスのパンデミックの際に問題になったような「自粛警察」と呼ばれる人々が現れて、政府に代わって国民を攻撃するようになる。それよりは、政府が責任をもって法に基づいて人権制

限を行うべきである。そうすることによって、国民に納得してもらう形で人権制限が可能になる。

**4**　政府が人権を制限するのをためらうべきではない。

B　「個人の人権を尊重するべきだ」という立場

**1**　公共の利益と人権が対立するとき、どちらを優先するべきか。テロが起こった場合について考える。

**2**　確かに、実際に戦闘が起こるなどして人命が奪われているようなときには、個人の制限はやむを得ないが、そんな場合でも、できるだけ人権を尊重するべきである。

**3**　政府が緊急時に人権を制限してよいということになると、それがいつのまにか拡大解釈されて、政府が自分たちの政策に反対する人々の行動を制限することが起こる。そして、必要以上に人権を侵害することになり、結果的に独裁につながるおそれがある。歴史を見ると、多くの社会がそのようにして独裁化した。あくまでも人権重視を考えるべきだ。

　　　　またば

**3**　行動制限を行うと、国民は全体主義的になって、それに従わない人を攻撃するようになり、社会が殺気立ってしまう。社会を平和に保つためには、できる限り国民の一般生活を守り、人権を尊重する必要がある。人権を尊重する社会をできる限り続けてこそ、テロに屈しない民主主義社会を守ることができる。

**4**　したがって、できるだけ行動制限は行わず、人権を尊重するべきである。

## 模範解答

### 問1

　権利とは人々ができることのうち、法律によって正当化されているものをいう。これは法律によって与えられているので、法律によって奪うこともできる。それに対して、法律や手続きによって奪うことができない権利を、自然権あるいは基本権といい、これは誰にでも備わっている。これこそが人権と呼ばれるものである。これは天賦の権利であり、社会や国家や法律ができる前から、誰にでも備わっている。キリスト教社会では、神によって与えられた権利とみなされている。生命・身体の安全、所有権、幸福追求権などがそれにあたる。

### 問2

　人権はすべての人間に備わっているものなので、政府はなるべく多くの人の基本的人権を守る義務を課せられており、そのために公共の利益を優先する必要がある。公共の利益のために、一部の人の人権を制限せざるを得ない場合があるが、それは、より重要な基本的人権を守るために真にやむを得ない場合に限られる。しかも、その場合も、法律を定めて、それに基づいて制限しなければならず、政府の都合によるものであってはならない。また、政府は、その人権の制限がもっと大きな公共の利益になることを説明しなければならない。

### 問3

　公共の利益のために人権が制限される場合として、テロなどの事件の勃発が考えられる。テロを防ぐために政府は荷物検査や盗聴、危険地域に立ち入り禁止などの行動制限を行うだろう。少しでも怪しい素振りを見たら、拘束して取り調べをすることもあるだろう。だが、そのような制限をすることはやむを得ないのだろうか。

確かに、政府が緊急時に人権を制限してよいことになると、拡大解釈されて、自分たちの政策に反対する人々の行動を制限することが起こり、結果的に独裁につながる恐れがある。そうならないような歯止めが必要である。しかし、移動制限、荷物検査などの制限についてはためらうべきではないと私は考える。

　日本社会では、国民の自主的判断に任せて、政府が行動制限をするのをためらう傾向が強い。だが、政府は民意を得て政権についている以上、説明をしたうえでの国民に対する制限をためらうべきではない。テロなどの場合、状況によっては、一般市民が大きな被害にあう可能性がある。人権を制限することをためらったために対応が遅れて犠牲が出たのでは、本末転倒である。国民の信任を得た政権が国民に向かって説明をして人権を制限するのは悪いことではない。

　以上述べた通り、緊急の場合には人権の制限は必要だと私は考える。

## ◆役に立つ知識

### ・「ポピュリズム」

　公共の利益と人権という問題とともに、現代社会でしばしば問題になっているのが、ポピュリズムだ。

　ポピュリズムとは、知的エリートによる政治に反発する民衆の支持のもとに、民衆のウケの良い政策をとろうとする政治のことだ。自分たちの民族が最も優秀で、ほかの民族は劣っているとみなしたり、彼らは敵なのでやっつけろと扇動したりして大衆の人気を得ようとする。アメリカのトランプ元大統領がその典型だといわれている。

　言うまでもなく、民主主義の基本は、市民が理性的に議論をして社会のあり方を決定していくことだが、感情的で差別的な扇動によって大衆を味方につけようとするポピュリズムはそれに反する。と

はいえ、同時に、民衆の考えを重視して、それに基づいて政策を実行するのが民主主義の基本なので、民衆の意志を重視する必要がある。ポピュリズム政治家の扇動に民衆が乗せられないように、マスコミなどがしっかりと訴えていく必要がある。

# 民主主義を信じること

## 宇野 重規（うの・しげき）

---

**課題文の要約**

　民主主義を良いものにするには、最終的には国民の信念だ。第一に、「公開による透明性」だ。それがあってこそ、言葉を用いて公共の議論ができる。第二に、「参加を通じての当事者意識」である。主体的に考え、自ら行動し、様々なことを自分と関わりのある大切なことだと考える必要がある。第三に「判断に伴う責任」である。政治的決定には責任が伴う。他人に任せきりにせず、自分に可能な範囲で公共の仕事に関わり、責任を生きがいとして理解するべきだ。

---

### 考え方

　課題文は本の中の一部分なので、論点がわかりにくいかもしれない。が、最初と最後の段落から推測できる通り、この文章には、民主主義を信じるために国民はどうあるべきかが書かれている。ここに挙げられているのは、「公開による透明性」「参加を通じての当事者意識」「判断に伴う責任」の三つだ。

　要するに、わかりやすく言ってしまうと、民主主義を守るためには、一般の国民が三つのことを心がけるべきだというのがこの文章の趣旨だ。

　具体的に言うと、「公開による透明性」については、物事が秘密にさ

れていたら、民主主義の基本である議論ができないので、政府などの機関はさまざまな決定の過程を公開するべきである、国民は透明性を求めるべきであるということだ。例えば、民主主義の根づいていない社会では、様々なことが不透明に行われ、決定が公開されなかったり、うその公開がなされたりする。それをなくしてこそ民主主義だということだ。正確な情報公開がなされてこそ、事実に基づいて議論ができ、公開されたデータなどによって結果も検証できる。

「参加を通じての当事者意識」とは、国民が人任せにするのでなく、自分のこととして社会に関わるべきだということだ。良く調べもしないで人気投票のように選挙をして、その後、政治に関心を持たずにいるのでなく、議員の言動に関心を持ち、社会をよくして住みやすくするためにどうあるべきかを考え、機会があったら自分の意見を発言していくべきだというわけだ。

「判断に伴う責任」というのは、政治家や公務員は自分の行動に責任をもって、判断を誤った場合には責任を取る必要があるということだ。政治家などが判断を誤ってもそのままうやむやにされると、民意が反映されなくなってしまう。誰の責任でそのようになったのかを明確にして、きちんと責任を取るようにする必要がある。一般の人も、選挙などをする場合、自分の判断をしっかりと持ち、それが誤りだとわかったら反省して改めるべきだということだ。

この文章を踏まえて、「民主主義に対するあなたの考え」を書くことが求められている。

課題文では三つのことが大事だとされているのだから、この課題文に賛成して、この三つが大事だということを示すこともできる。字数が500字以内なので、三つすべてを書くことはできないので、三つのうちの一つを取り上げて、「私もこれが重要だと考える」と示して、それを

検証する形をとるのが書きやすいだろう。

　あるいは、この三つ以外の民主主義に大事な要素を示すこともできる。「報道の自由こそが民主主義の根幹だ」「表現の自由が大事だ」「多様性を認めることが大事だ」などの意見があるだろう。

　いずれにしても、それらが民主主義でいかに大事なのかを説明すればよい。

　制限字数が500字なので、二部構成、四部構成のどちらで書くこともできる。四部構成で書く場合には、第一段落に民主主義にとって大事と思うものを示し、第二段落で「確かにほかのことも大事だ。しかし、最も大事なのは最初に示したことだ」と書いて、第三段落でその根拠を示す。そして、最後に結論を語る。

　二部構成で書く場合には、「確かに、しかし」をカットして、第一段落に民主主義に大事なことを書いて、第二段落にその根拠を示す。

### 構成例

| 四部構成の場合 |

**A** 「公開による透明性」を重視する場合

**1**　私は、課題文にある通り、「公開による透明性」が重要だと考える。

**2**　確かに、当事者意識も大事である。それなしには社会についての判断ができない。しかし、現在、それ以上に重視するべきなのは、公開による透明性である。

**3**　物事が秘密にされていたら、民主主義の基本である議論ができないので、政府などの機関はさまざまな決定の過程を公開するべきであり、国民は透明性を求めるべきであるということだ。例えば、民主主義の根づいていない社会では、様々なことが不透明に行われ、決定が公開されなかったり、うその公開がなされたりする。それをなくしてこそ民主主義である。公開がなされてこそ、事実に基づいて議論ができ、

公開されたデータなどによって結果も検証できる。

**4** したがって、「公開による透明性」を大事にするべきである。

**B** 「報道の自由」を重視する場合

**1** 私は「報道の自由」が大事だと考える。

**2** 確かに、課題文で示されていることも民主主義には大事である。しかし、それを成り立たせるためにも、報道の自由が大事である。

**3** 民主主義の定着していない社会では、報道の自由が認められず、権力者に都合の悪い報道は規制される。報道の自由があり、反対意見を語ることが保証されてこそ、民主主義は機能する。そして、報道の自由があることによって、国民は事実を知り、複数の報道によって自分の意見を持つことができる。

**4** したがって、「報道の自由」を大事にするべきである。

**C** 「表現の自由」を重視する場合

**1** 私は「表現の自由」が重要だと考える。

**2** 確かに、課題文で示されていることも民主主義には大事である。しかし、それを成り立たせるためにも、表現の自由が大事である。

**3** 現在では多くの人が、SNS などで意見を語ることができるが、人権侵害の意見を除いて、自由に意見を言えてこそ多くの人が議論できる。民主主義の成熟していない国では表現の自由が守られず、SNS での発言が削除されたり、反政府の意見を書き込んだために逮捕されたりする。

**4** したがって、「表現の自由」が大事である。

**D** 「多様性」を重視する場合

**1** 私は「多様性」を認めることが重要だと考える。

**2** 確かに、課題文で示されていることも民主主義には大事である。しかし、それを成り立たせるためにも、多様性を認めることが大事である。

**3** 民主主義の基本は、正義は一つではない、多様な価値観があるということだ。できるだけ多くの人の権利を認め、話し合いによって方向を決めていくのが民主主義であって、一つの価値観を押しつけたら、それは独裁になってしまう。少数派の意見も取り入れ、多様な人が社会を作っていることを認識したうえで行動しなければならない。したがって、自分と反対の意見を持つ人がいても、攻撃し排撃するのではなく、その意見も尊重する必要がある。

**4** したがって、「多様性」を認めることが大事である。

### 模範解答

　課題文中にある通り、私も「公開による透明性」が民主主義を守るうえで最も大事なことだと考える。

　確かに、公開による透明性が行き過ぎると、プライバシー侵害になってしまったり、組織には絶対に必要な秘密の保持ができなくなって、危険が生じることがある。したがって、ある程度の制限はやむを得ない。しかし、公開による透明性を重視するべきである。

　物事が秘密にされていたら、民主主義の基本である議論ができないので、政府などの機関は様々な決定の過程を公開するべきである、国民は透明性を求めるべきであるということだ。たとえば、民主主義の根付いていない社会では、様々なことが不透明に行われ、決定が公開されなかったり、うその公開がなされたりする。それをなくしてこそ民主主義だということだ。公開がなされてこそ、事実に基づいて議論ができ、公開されたデータなどによって結果も検証できる。

　以上述べた通り、「公開による透明性」を民主主義社会においては重

視するべきである。

◆役に立つ知識
・「立憲主義」

立憲主義とは、君主も自分の利益や感情で統治するのではなく、国民が知恵を出し合って作った憲法にしたがって統治するという考え方を示す。

これまで民主主義の名において権力を握ってきた独裁者もいる。ヒトラーもプーチンもそれなりの選挙を経て、民衆の支持を得て政権を握って、非道な独裁社会を作り上げたのだった。民主主義は基本的には、民衆の支持を受けたものが権力を握るということなので、巧みな扇動に民衆が乗せられ、民衆が独裁者を支持してしまうといったことは、これまでの歴史にたくさんの例がある。

また、現実には独裁的な国であっても、形だけ民主的にして、民衆の支持のもとに政権を運営していると強弁できる。実際にそのような国家は少なくない。

だが、立憲主義に基づき、理性的な手続きを経て、独裁化が不可能なように定めておけば、そのような危険を防ぐことができる。民衆の支持よりも、理性的な憲法に従うことを重視することによって、民衆の誤った判断を是正することができる。

近年、民主主義の危険な面が認識されるようになって以来、そのような立憲主義の考え方が民主主義よりも重視されるべき考え方として注目されている。

第18講 ロトクラシー

# 山口 晃人（やまぐち・あきと）

**課題文の要約**

　代表制民主主義の危機が叫ばれている。ポピュリズムが広がって、エリートに対する不満、政治に対する不満が大きくなっている。その背景には、社会的に有利な立場にいる人たちの意見が反映されやすくて、一般市民の声と乖離するという構造に問題がある。実際、国会議員は富裕層、中高年、男性の議員が多数を占め、女性議員や若い議員などは少ない。こうした問題点があるため、欧米ではロトクラシーという、選挙ではなくくじ引きで議員を選ぶという構想が出てきている。一般市民から無作為抽出で議員を決める。そうすると、全体人口の意見の縮図になる。素人に政治を任せては危険だという意見があるが、市民が誤った判断をする原因は、無数の情報を吟味する時間がなく、不十分な情報だけで決めてしまうからだ。そこで、ロトクラシー議会では、専門家が十分な情報提供を行って熟議する。そうすると適切な判断ができる。実際にアイルランドなどでそれが実施され、成功を収めている。裁判による陪審制や裁判員制度は司法における市民の参加だが、立法においても同じようにするということになる。無作為抽出された議員が完全に選挙政治家に代わってしまうのは難しいにせよ、選挙政治家と市民代表が協働して、選挙の欠陥を補うのが妥当ではないか。

### 考え方

　課題文は、ロトクラシー、つまり無作為抽出（ほぼ、くじ引き）で議員を決めるという制度について説明した文章だ。文章の大意をわかりやすく言い換えると、「今、大衆が選挙でまちがった選択をして、過激な指導者が選ばれるポピュリズムが世界で広がっている。それを防ぐにはむしろくじ引きで議員を決めるほうがよい。くじ引きならば、特定の人々だけでなく、様々な一般市民が平等に選ばれるチャンスを得る。くじ引きで議員になった人がしっかりと説明を聞いてきちんと議論して判断すれば、過激な判断にはならない。だから、部分的にでもロトクラシーを取り入れるべきだ」ということだ。

　設問1では、なぜロトクラシーでは適切な意思決定ができるのかが問われている。先に説明したことを字数でまとめればよい。

　設問2では、代表制民主主義と対比しながらロトクラシーについての考えを示すことが求められている。もちろん、課題文はロトクラシーを取り入れるべきだと主張しているのだから、本当に取り入れるべきかを論じればよい。

### 構成例

設問2

A　**課題文に賛成して、ロトクラシーの取り入れに賛成する立場**

**1**　ロトクラシーを取り入れるべきか。

**2**　確かに、政治家としての志を持っているわけではない人を代表にすると、本人が意欲を示さないなどの問題がある。だが、ロトクラシーを一部取り入れるのは好ましいことだ。

**3**　インターネットの発達によって偽情報が飛び交い、何が事実なのか判断できなくなっている。そのため、多くの国民が偽情報を信じて、間違った判断を行って過激な思想を持つ指導者を選ぶおそれもある。

ロトクラシーにすれば、それを防ぐことができる。

（または）

3　議員代表制の場合、一般市民は政治に関心を持たないで、風評に流されてしまう。理性的に判断して一票を入れるという民主主義の原則は理想にすぎなくなっている。ロトクラシーを取り入れることにより、一般市民が政治参加することになり、国民全体の関心が広まる。

4　したがって、ロトクラシーを取り入れることに賛成である。

B　課題文に反対して、ロトクラシーを取り入れるべきではないとする立場

1　ロトクラシーを取り入れるべきか。

2　確かに、ロトクラシーにすれば、偽情報に惑わされることは少なくなるが、それ以上の問題があるので、ロトクラシーを取り入れるべきではない。

3　政治家は、社会をよいものにしたいという意思を持った人間が行うべきである。ロトクラシーは、社会をよくしようという意識のない人が義務として政治に関わることになるので、現状維持になるだけであって、社会変革が行われなくなる。

（または）

3　ロトクラシーを取り入れた場合、政治状況について説明をする人の考え方に議員が左右されることになり、結局、操り人形になる可能性がある。裁判のように、有罪か無罪かなどの判断に幅の狭い事柄であれば、説明を聞いて判断できるが、政治のように複雑な問題では、他者からの説明のみで判断するのは難しい。

4　ロトクラシーを取り入れるのは好ましくない。

**設問1**

　ロトクラシーのもとで適切な判断ができるのは、全国の人口の縮図をなす人がしっかりした説明を受けて判断できるからである。一般市民から無作為抽出で議員を決めると、国民全体の様々な層から選出されることになり、全体人口の縮図になる。素人に政治を任せると危険なのは、無数の情報を吟味する時間がなく、不十分な情報だけで決めてしまうためなので、素人の議員に専門家が十分な情報提供を行うことで、熟議して適切に判断できる。

**設問2**

　課題文で主張されているように、ロトクラシーを取り入れるべきだろうか。

　確かに、現代では、インターネットの発達によって偽情報が飛び交い、何が事実なのか判断できなくなっている。そのため、多くの国民が偽情報を信じて、間違った判断を行って過激な指導者を選ぶ恐れもある。ロトクラシーにすれば、それをある程度は防ぐことができるだろう。しかし、ロトクラシーにはもっと重大な問題がある。

　ロトクラシーにすると、社会をよくしようという意識のない人が義務として政治にかかわることになる。そして、何も知識なしに、官僚に説明を聞いて判断する。そうなると、複雑な状況を切り開いて社会をよくしようという意思を持たず、官僚に与えられた問題についてただその場その場で判断するだけになってしまう。そうなると、社会をよいものにしようとする展望がなくなってしまう。政治は、社会をよいものにしたいという意思を持った人間が大きな展望をもって行うべきである。したがって、一般市民が展望のある政治家に代表権を与える制度のほうが、よりよい社会にしていくことができるのである。

　以上述べた通り、ロトクラシーを取り入れるのは好ましくないと考え

る。

## 第19講　チャットGPT

### オリジナル問題

---

**課題文の要約**

　アメリカのOpen AI社が開発したチャットGPTは質問や要望に応えてどんな文章でも作ってくれる。これは間違いなく人類にとっての脅威であり、人間が必要でなくなる社会の到来だ。人間存在そのものの危機だ。教育においても、大問題だ。しかし、チャットGPTの作る文章の不備は改善されるだろうが、文章を書くという行為の本質を考えた時、やはりAIには越えられないものがあるのは間違いない。文章を書くとは、高度なコミュニケーションであり、一般的に正しいと思われていることを一般的な手段で書くのではない。書き手が読み手のことを考えて、どう書けば自分だけの考えが伝わるか、どう表現すれば誠意が伝わるかなどを考えて書くものだ。チャットGPTはその人その人に合わせた文章を書いてくれない。誰もが納得できる一般的な文章しか書いてくれない。チャットGPTは自分らしい文章を書く前の、一般的な考えを知るための手伝いとして使うべきだ。

---

**考え方**

　簡単にまとめれば、この文章が主張しているのは、「チャットGPT

は人類の脅威であるが、今のところはまだ文章の本質に達していないので、本当の文章を書けない。文章を書くとは、自分の思いを読んでいる人に伝えることだが、チャットGPTにはそれはできない。チャットGPTは一般的な考えを知るための手伝いとして使うべきだ」ということになる。

チャットGPTについては大きな話題になっているので知っている人が多いだろう。自分で試した人も多いのではないかと思う。質問をしたり、条件を与えると、AIが小論文も書いてくれる。様々な文章が出来上がる。ただ、課題文にもある通り、ネット上の文章からの盗用があったり、論理矛盾があったり、事実誤認があったりして、今のところ、それほどレベルの高い文章ではない。

この文章を読んで、教育の場でのチャットGPTについての意見が問われている。この文章は教育について主として書かれたものではないが、一部に教育についての筆者の考えが示されているのでヒントにはなるだろう。

これについては「禁止するべきだ」「推進するべきだ」「手伝いとして使うべきだ」などの論が考えられる。

### 構成例

問2

**A** チャットGPTを教育の場で使うのに消極的な立場

1　チャットGPTを教育の場で積極的に使うべきか。
2　確かに、限定的に使って、チャットGPTの書いた文章を参考にして自分の文章を書いたりすることも時にはよいだろう。しかし、使用するべきではない。
3　チャットGPTを用いると、生徒が自分で考える習慣を失う。チャットGPTに尋ねて、そこで正解をもらって終わりになる。そうなる

と、教育に最も大事な、考える力を養成できなくなる。学校内はもちろん、家庭でも使わないように指導するべきだ。

（または）

**3** チャットGPTは正確なものではないので、間違った記述や著作権を侵害する内容も多い。また、そこで示される文章が、思想的に偏っていることもある。それを信じてしまうと、教育に逆効果になる。

**4** したがって、教育の場でチャットGPTを使うべきではない。

**B** **チャットGPTを教育の場で使うのに積極的な立場**

**1** チャットGPTを教育の場で積極的に使うべきか。

**2** 確かに、安易にチャットGPTに頼って自分で考えなくなるのは好ましくない。しかし、禁止しても使う人がいるのだから、むしろ上手に利用するべきだ。

**3** チャットGPTを他人の文章として参考にすることができる。それらを素材として、多くの考えを身につけることができる。先生が授業中にこれを上手に使って参考にするための模範を見せることで使い方が定着する。

（または）

**3** チャットGPTを教師アシスタントの代わりに使うことができる。これに質問して、すぐに答えてもらえるので、それに基づいて知識を増やし、自分で考えることができるようになる。一人一人が家庭教師を持つことになる。

**4** したがって、チャットGPTを教育の場で積極的に使うべきだ。

問1

　チャットGPTは質問や要望に応えてどんな文章でも作ってくれる。これは人類にとっての脅威だ。しかし、文章を書く行為の本質は高度なコミュニケーションであり、一般的に正しいと思われていることを一般的な手段で書くのではなく、書き手の思いを読み手に伝えるものだ。チャットGPTの作る文章の不備は改善されても、個人の思いは書けない。これを自分らしい文章を書く前の、一般的な考えを知るための手伝いとして使うべきだ。

問2

　チャットGPTを用いれば、人々の質問や要望に応じてAIがすぐに文章を書いてくれる。これを教育の場で積極的に使うべきだろうか。

　確かに、学内で先生の指導の下に限定的に使って、チャットGPTの書いた文章を参考にし、それを手がかりにして自分の文章を書いたりすることも時にはよいだろう。そうすることによって、生徒一人一人が秘書のような存在を持つことになり、勉強が効率化する面がある。しかし、ほとんどの場合、教育の場では使用するべきではないと私は考える。

　チャットGPTを用いると、生徒が自分で考える習慣を失う恐れがある。チャットGPTに尋ねて、そこで答えを与えられると、ほとんどの生徒はそれを正解と思い、それ以上、考えるのをやめるだろう。本来は、自分で苦労して考え、それを繰り返すうちに、学力がつき、思考力がつく。それこそが教育の目的である。ところが、チャットGPTは苦労して思考力をつけるというせっかくの機会を奪ってしまう。読書感想文や作文も、多くの生徒がチャットGPTに書いてもらい、それを提出することになってしまい、まったく教育が成り立たなくなる。つまりは、チャットGPTはカンニングのための道具になってしまうのである。

以上述べた通り、教員や親が子供を見守ってチャットGPTを使わないようにするべきである。

◆役に立つ知識

・AI兵器

　チャットGPT以上に、現在恐れられているのが、AIによる兵器だ。

　2022年に始まったすでにウクライナ戦争でもドローンが大量に使われ、無人の兵器が人々を襲っているが、人間と同じような知能を持ったAIが兵器として攻撃を行うと、いっそう激しい損害を出すことになる。まさに映画の場面のように、ロボットが人間を殺戮することが現実になっていくおそれがある。

　そればかりか、人間がAIをコントロールしているうちは、AIは人間のために使われることになるが、AIは学習する能力を持っているので、人間の手を離れ、人間を敵として攻撃するおそれさえある。そうなると、これまでたくさんの映画で扱われてきたAIが人間を支配する世界になってしまいかねない。運動能力も思考能力も、すべてが人間よりもAIの方が優れており、AIも思考力を持つとなれば、AIが「人間のような愚かな存在の言いなりになる必要はない。人間を滅ぼすのが最も正しい」と考えないとも限らない。

　そうならないように歯止めをかける必要がある。AIが人間に攻撃をすることのないようにするにはどうするべきかを探り、それを国際的に取り決めて、世界の研究者が守る必要がある。だが、ウクライナ戦争に見られるように、人間たちが殺戮のための兵器を開発している状況では、それを実現するのは、現在ではかなり難しい。

# 第20講 ポスト・トゥルース

## 西谷 修（にしたに・おさむ）

**課題文の要約**

現在の厚みを知るには歴史的に捉える必要があるが、今、その足場が崩れている。ポスト・トゥルースという状況が生じている。アメリカのトランプ元大統領は選挙の際も、その後も、ツイッターやフェイスブックで裏づけのない情報や故意の捏造情報を流し、不都合な報道については「フェイクニュース」と決めつけ、主要メディアが流すのとは別の事実を主張した。こうなると、みんなが受け入れて議論の展開のベースになるよりどころであるはずの「真」「真理」が電脳化されたコミュニケーションの場に流れて劣化している。歴史的なことについても、明らかな事実を否定して言いたい放題になっている。その原因になっているのは、情報テクノロジーによるコミュニケーション空間の変化だ。以前は、議論をする場合には議論の縛りが共有されていた。活字として流通する場合には編集という作業があった。だがインターネット、デジタルIT技術によって、フィルターなしで発信できるようになった。そのため、ウソやデマが流通するようになった。信頼度よりも好みで情報を選ぶようになり、それが商品価値を持つようになった。反復性の強い情報が流通して、真実かどうかはどうでもよくなり、それらの情報が商品化されるようになった。また、公私の区別がなくなっ

た。恥ずかしいこと、私的なことも表現の自由のもとに本音と
みなされて発信できる。社会的に抑圧されていたことが発信さ
れ、それが本音とみなされる。これがポスト・トゥルースの状
況だ。

### 考え方

　課題文は、「ポスト・トゥルース」（直訳すると「脱・真実」というこ
とになるだろう）について語っている。簡単にまとめてしまうと、「か
つては事実をもとにして議論をするのが前提であり、何かを発信すると
きには編集などがあったが、インターネットが盛んになってから、それ
らなしに自由に発信できるようになった。そのため、真偽不明の情報や
うその情報も流せるようになった。受け取る側も、真実かどうかよりも
好みで情報を拡散するようになった。その結果、情報が商品化し、公私
の区別がなくなって私的なことを公的に語るようになった」ということ
だ。

　問1では、ポスト・トゥルースの要因について300字程度でまと
めることが求められている。インターネットの発達によって、真実の基
盤が失われ、編集を経ずに自由に発信できるようになって、真実かどう
かよりも好みに合うかどうかで情報が広まるようになった事情を説明す
ればよい。

　問2は、ポスト・トゥルースに対する抑止力・対抗策を論じること
が求められている。もちろんここで問われているのは、個人がどのよう
に気をつけるかということではない。「情報を確かめて、うその情報に
惑わされないようにする」といったことを書いても設問に答えたことに
はならない。このような状況に社会としてどう取り組むかを考える必要
がある。

「政府が禁止をする」「うその情報を流した人を厳しく罰する法律を作る」「うその情報に惑わされないように教育をする」「マスコミが正しい情報を呼びかける」などの対策がある。初めに自分のアイデアを示して、それについて検証する形をとるのが望ましい。

なお、「歴史」「言葉」「規範」の3つの言葉を使用することが求められている。歴史上、ずっと真実が重視されてきたこと、言葉によって真実を語るのが本来の情報であったこと、「ポスト・トゥルース」によって社会の規範が崩れていることを考えれば、これらの言葉を加えるのは難しくないはずだ。

### 構成例
### 問2

A うその情報を流した人を厳しく罰する法律を作るべきだという立場

1 まちがった情報、捏造された情報を流した人、広めた人を厳しく罰する法律を作るべきだ。

2 確かに、運用が拡大解釈されると、政府に不都合な情報をすべてうそと見なして取り締まって独裁になるおそれがある。そうならないように注意が必要だ。法によってきちんと取り締まるべきである。

3 うその情報を流した人、それを広めた人を厳しく罰して、インターネットを守る必要がある。そうすることによって、インターネットが事実に基づいて情報交換を行う自由な議論の場になる。それがないと、うそがはびこり、民主主義社会が成り立たなくなる。

　　（または）

3 事実に基づいて行動し、それに基づいて議論をして社会を動かすのが民主主義の基本である。民主主義を守るためにも、断固としてそれを乱す人間を取り締まる必要がある。

4 したがって、法律を用いてうその情報を取り締まるべきである。

**B インターネットでの発言は実名を原則にするという立場**

**1** インターネットでの発言は実名を原則にすることによって、ポスト・トゥルース問題を解決するべきだと考える。

**2** 確かに、実名にすると、個人情報が漏れるなどの問題がある。また、不正の告発がしにくくなったり、本音を言えなくなったりする恐れがある。そのような場については例外的に考える必要がある。しかし、原則としてインターネットを匿名でなく、実名で発信することを義務づけるべきである。

**3** 実名にすることにすれば、自分の発信した情報に対して責任を持たなければならなくなる。未確認情報であったり、うその情報であったら、それが発覚して信用を失う。そのために間違った情報が減る。

**4** したがって、インターネットの発信は実名を原則にするべきである。

**C 教育によって対処するべきだという立場**

**1** 学校での教育や社会的啓蒙によって、うその情報を広めないように呼びかけるべきだ。

**2** 確かに、法的に禁止する方法もあるが、そうすると表現の自由を制限することになり、運用によっては、政府に不都合な情報をすべてフェイクとして取り締まることになってしまう。したがって、教育などの啓もうをするのが最も安全だ。

**3** 教育によって、うその情報が人心を惑わし、いかに社会を腐敗させるかを知らせるべきだ。またテレビやインターネットを用いて呼びかけるべきだ。それによって防ぎ、悪質なものについては法的・公的な場所で論議するべきだ。

**4** 以上のように、教育や啓蒙を行うべきだ。

**1** マスコミが正しい情報を伝えるべきである。

**2** 確かに、インターネットのうそ情報を信じる人たちは、マスコミの情報を「マスゴミ」と呼んで信用しない傾向にある。しかし、あくまでも真実を報道することで、信頼を得ることができる。

**3** 真実をしっかりと伝えることによって、そのような批判をなくし、ネット上のうそ情報を追及して、マスコミがそれを正していくことが大事である。それを繰り返していくことで多くの人に理解を得ることができる。

**4** したがって、マスコミが信用できる情報を発信し続けることによって、うその情報をなくしていくべきだ。

**模範解答**

**問1**

　ポスト・トゥルースという状況が生じて、真実よりも好みで情報が広まるようになった要因は、情報テクノロジーによるコミュニケーション空間の変化である。以前は、議論をする場合には、議論が成り立つために従わなければならない決まりや、ＡはＡであるといった縛りが共有されていた。また、活字での流通のためには編集という作業があったので、情報の選別ができていた。だがインターネット、デジタルＩＴ技術によって、フィルターなしで発信できるようになった。無差別的に大量の情報があふれたため、人々は真実かどうかとは論理的に信頼できるかよりも、自分の好みに合う情報に反応するようになった。

**問2**

　私は現在のような状況を改善するためには、うその情報、誤った情報を最初に流した人、拡散した人に対して厳しく罰する法律を作って、社

会全体が言葉によって真実を伝えるという規範を守るべきだと考える。

　確かに、運用が拡大解釈されると、真実を報道するマスコミなどの情報を、権力者が「フェイク」とみなして取り締まる恐れがある。そうなると、権力者に不都合な情報はすべて禁止されて、独裁になってしまうのである。そうならないように十分に注意して法律を作る必要がある。しかし、うその情報を禁止する法律を作るべきである。

　そもそも民主主義社会は、歴史上真実を明確にし、それについて議論をして好ましい方向を民衆が決める制度として定着してきた。ところが、うその情報、間違った情報が広まり、何が真実かわからなくなると民衆が議論できなくなり、進む方向を決めることができなくなる。うその情報を最初に流した人、広めた人も厳罰にすることで、うその情報の危険性の理解が深まり、そのような行為が減ると考えられる。結果的に民主主義社会を守ることにつながるのである。

　以上述べた通り、私はうその情報を厳罰に処す法律を作ることで、言葉によって真実を伝えるという規範を守るべきだと考える。

## ◆役に立つ知識

### ・報道の中立性

　報道の偏向がしばしば問題になる。新聞社や放送局には、政権寄りのところと反政権寄りのところがある。政権が反政権寄りの新聞社やテレビ局を「偏向」と呼んで是正を求めて問題になることがある。政権側としては、「自分たちはしっかりと国民の未来を考えて政権を運営している。それなのに批判ばかりするなんてけしからん。事実をゆがめて報道している」と考えるのだろう。だが、偏向とみなされた新聞社やテレビ局は、「政権をチェックするのこそがマスコミの役割である。政権がメディアを批判するのは、表現の自由を制限しようとする表れであり、民主主義社会では許されないことだ」

と反発する。

　メディアはもちろんうその報道をしてはならない。間違った報道をしてはならない。人権を侵害するような報道も許されない。だが、メディアが自分たちの思想・信条をもって、それに基づいて報道することは悪いことではない。だから、新聞社、テレビ局によって政権寄りのところや反政権寄りのところがあっても、それは当然のことだ。

　社会には様々な価値観がある。その価値観から見ると、同じ出来事も様々に解釈できる。だから、新聞社によって同じ政権の態度が別の意味を持って見えても当然のことだ。むしろ、様々な見方があり、それらの立場の人が議論していけることこそが民主主義の基本だということを認識しておく必要がある。

# 第21講 自然と文化の危機

## 今村 彰生

**課題文の要約**

　文化とは、人間の生活様式や共生の方法など様々なものを含んでいるが、生物における種の多様性と同様、多様でなくてはならない。人間の文化と生物相は密接に影響しあって変化してきた。ところが、現代では、生物多様性も文化多様性も共通の原因で喪失している。グローバルな市場のために、生物相の均質化と単純化を進めている。グローバル化のために地場産業が衰退し、地域の資源の有用活用ができなくなっている。

**考え方**

　課題文は、ひとことで言えば、「生物多様性と文化多様性は密接に影響しあっている。その両方を守らなければならないが、グローバル化のためにそれが喪失している」ということだ。

　「生物多様性と文化多様性は密接に影響しあっている」とは、具体的には、様々な国、様々な地域にそれぞれ別の生物がいて共生しているため、人間もそれに合わせて様々な生活様式を取っているということだ。日本の森林には、そこに住む動物がいて植物がある。その地域の人々は、それらの生物を食料にしたり、何らかの形で利用したりして、その土地の文化を築いてきた。自然が変化して、例えばある魚がいなくなっ

282

たりすると、それに伴って人間の食べ物も変化する。逆に、人間の生活が欧米化して、そこに昔からいた魚を食べなくなると、生物相も変化する。

ところが、市場がグローバル化して、世界中の食文化が西洋化してきた。日本人もあまり米を食べなくなり、パンを食べるようになった。すると、日本人も田を作らなくなって、そのために田んぼの近くに住んでいた生物などもいなくなる。その地域独特の動植物もいなくなる。そして、世界中が同じようになってしまう。

簡単に言うと、そのようなことを課題文では問題にしている。

[問1]は、「人間の文化と生物相との相互作用」について、[問2]は「地域の生物多様性が減少した具体例」を説明することが求められている。先に示した内容を具体例を挙げて説明すればよい。

[問3]は、里山を保全・利用するためにどのような方策が必要かを書くことが求められている。

そのような方策として以下のものが考えられる。

- 農林業の復活をする。地産地消という考え方をわかってもらい、地域で消費するものは地域で作るといった方針を進める。そうすることで、新鮮なものが食べられるようになり、同時に里山を守ることができる。

- レクリエーションや観光、教育、家庭菜園の場としての里山を利用する。都会の人が体験として里山に来て、自然と触れ合う喜びを知ってもらうようにする。そうすることで、里山の大事さを知ってもらうと同時に、里山で仕事をしたいと思う人を増やすことができる。

制限字数が400字以内なので、二部構成を使って、初めにズバリと答えて、次にそれを説明する形を取ると書きやすい。

問1

　日本の山間部では日常的に川魚を食べており、鯉料理や鮎料理の文化があった。ところが、生活排水などによって川魚が減ったため、川魚料理を食べる人が減り、そのような料理文化が廃れてしまった。また、子どもの魚釣りという遊び文化も廃れた。また逆に、観光文化が進んだために、森林が開拓されて、動植物がいなくなった。

問2

　かつては地域で作られた米や野菜や魚を使った料理が土地の料理になっていた。ところが、グローバル化して、世界の人が小麦やホウレンソウやキャベツやレタスなどの同じような野菜を食べるようになった。すると、世界のどこでも同じような野菜を作るようになって、そこに住みつく生物もどこでも同じようになった。

問3

　地産地消という考え方を進めて農林業の復活をめざすべきだと考える。
　現在、多くの日本人が海外から輸入された農産物を食べ、海外から輸入された木材を使っている。そのために里山が放置され荒れている。そこで、地産地消、つまり、現地で作られた新鮮なものをその地域で消費するのが最もおいしく、しかも安全であることを消費者にわかってもらうのである。地産地消が定着すれば、その地域の農林業が復活し、里山が復活する。近くでできたお米を食べるようにすれば、水田がよみがえり、そこに住む生物たちも戻ってくる。水路に小魚や虫が戻り、それを餌にする鳥たちもやってくる。近くの野菜を使い、近くの山から切った木材で家具などを作れば、山間部も整理される。生物多様性が復活し、それに伴って日本の里山の生活も、日本全体の一律化から免れ、それぞ

れの地域にふさわしい自然が回復するのである。

## ◆役に立つ知識
### ・グローバル化

　交通機関や通信網の発達によって、現在では、人、モノ、情報が国境を越えて、世界がまるで一つにつながっているかのようになっている。これをグローバル化と言う。特に経済のグローバル化が問題になっている。国境を越えて企業は活動し、株などの売買をして世界が動いている。先進国も途上国も一体化されている。

　グローバル化の功罪について簡単にまとめよう。

　グローバル化すると、経済の規模が大きくなり、貧しい国でも産業が成り立って農産物などを輸出できるようになる。豊かな国では海外から安いものを輸入できるようになる。途上国の人も農産品を輸出することによって経済活動ができる。

　これまで別のルールで動いていた様々なことが、グローバル化によって、共通の尺度ができ、コミュニケーションが取りやすくなる。また、世界中に良い商品、良い文化、良い活動が広まり、世界中で意見交換ができる。国際交流に役立つ。

　しかし、マイナス面も多い。

　まず、世界が一つになってしまうため、様々なことが連鎖してしまうことだ。世界のどこかの国が経済的に破綻すると、その国の株などを世界中の人々が持っているので、経済的打撃が世界に広まる。アメリカの銀行が破綻すると、世界中で大打撃を受ける。また、世界のどこかでウイルスが発生すると、それがすぐに世界中に広まってしまう。

　また、世界が一つの大きな経済圏になるので、国内産業が育たなくなってしまう。例えば、日本の農産品より安い海外からの商品を

輸入する人が増えると、日本の農業は打撃を受ける。その産業の人々の暮らしが立たなくなり、様々の国の経済が他国依存になってしまう。

グローバル化のために、世界中が同じような文化になることも問題になっている。どの国の人も同じようなものを食べ、同じような生活をして、民族固有の生活が薄れ、それぞれの民族の誇りが失われることが心配されている。

また、グローバル化したために別の宗教を信じる人が隣接して暮らすようになったために対立も増えている。各地で宗教に基づくテロが頻発しているが、それには、グローバル化による宗教上の衝突という意味が大きい。

新型コロナウイルスの流行によって、グローバル化の進展のスピードは一時的に落ちたが、コロナ後は再び活発になることが考えられる。

### ・里山の資源循環

かつては里山（人間の集落の近くにある山間部）には田畑があり、山があって、人々はそこで田畑を耕して農作物を作り、林業を営んで生活をしていた。そこでは、循環型の社会が成り立っていた。そこで作られた農作物を食べ、そこで切られた木材が利用され、それらが燃料となって生活を支えた。水田の水辺は生物の住処になり、水生動物や魚が住み着いた。それらを餌にする動物も活動していた。ある意味で理想的な循環型社会ができていた。

ところが、第二次産業、第三次産業が盛んになって、農林業が廃れてくると、人々は都市で暮らすようになり、里山は荒れてきた。そうなると、田んぼにあった水が枯れて、川に住んでいた生物はいなくなり、それらを餌にしていた小動物もいなくなった。その結果、

田畑は荒れ、生態系も崩れた。

　そこで近年、もう一度、里山を再生し、農林業を立て直し、生態系を取り戻そうという動きが出ている。

　里山の森林を生かすことによって空気の浄化が可能になる。バイオマス燃料（動植物などから作られた燃料）を用いることによってエネルギーを生み出すことができる。多くの人が里山で暮らすようになると、自然と共生して豊かに暮らすことのできる社会が成り立つ。ITの発達でテレワークが可能になると、里山で生活しながら会社勤務をすることができるようになることが期待されている。

# 第22講

エスディージーズ
## SDGs

## 蟹江 憲史（かにえ・のりちか）

---

**課題文の要約**

　新型コロナウイルス対策のために経済や社会は大きなダメージを受けた。だが、その期間中、経済活動が停滞したために、大気や海の環境は改善された。ポスト・コロナの挑戦は、経済を回復させながら、環境の改善を継続することだ。そのためにやるべきことを列挙したのがSDGsだ。パンデミックは行き過ぎた地球破壊のために、ウイルスの宿主がいなくなったときに別の生物にうつって引き起こされるという見方がある。グローバル化を見直していくべきだ。コロナ後の世界こそ、SDGsを道しるべとして戦略を立てるべきだ。

---

**考え方**

　短い文章で、とくに難しいことは書かれていないが、この文章には様々なことが含まれている。

　まず、この文章では、新型コロナウイルスの流行が、グローバル化によるものであり、地球破壊によって引き起こされたという面があるとして捉えている。

　つまり、地球がグローバル化して、人や物の行き来が盛んになったために、世界中にウイルスが広まり、いつまでも終息しなかった点で、グ

ローバル化が原因ということになる。また、人間の害になるウイルスは
ほかの生物の体内に棲んでいたものが、何かの事情で人間に住処を移し
て広まるものなので、地球破壊が進んで生物が生きていけなくなり、そ
の結果として人間の世界に広まったということになる。

　そして、この課題文は、グローバル化による経済発展が、環境破壊の
原因であるという前提になっている。したがって、新型コロナウイルス
が流行している間、グローバル化が一時的に停止し、経済がダウンした
ことは、地球環境の改善につながったとされている。

　せっかく新型コロナウイルス対策によって地球環境が改善されたのに、
パンデミックが終息して元通りになったのでは意味がない。これを機会
に、環境を守りながらコロナから経済を回復する道を探ろう、そのため
の指標としてSDGsの目標を考えようというのがこの課題文の趣旨だ。


　この文章を読んで、①コロナ後の世界でSDGsが担う役割について、
著者の考えをまとめる、②コロナ後の世界における取り組みについて、
関心のある事を挙げながら、社会もしくは個人がすべきことをSDGs
と関連づけて考えを述べることが求められている。

　この①については、「コロナ後の世界でSDGsが担う役割」とは、コ
ロナによって経済は停滞したが、環境にはプラスであったことを踏まえ、
コロナのマイナスを回復させつつ地球環境を改善させるのに、SDGsの
目標が役立つことを示せばよい。②については、関心のある事柄として、
地球温暖化、海中汚染、絶滅危惧種、クリーンエネルギー、リサイクル
などの地球環境に関わる問題でもいい。また、SDGsの項目にある「す
べての人に健康と福祉を」「質の高い教育」「貧困をなくす」「人や国の
不平等をなくす」などを取り上げてもいい。

　最も書きやすいのは、「新型コロナのために外国からの観光客が減っ
たので、これを機会に観光地の整備をして、観光化が環境破壊につなが

らないようにする」「コロナ禍のために衛生観念が定着した。そのため、予防、早期発見の道ができたので、これを機会に予防医療を広める」「コロナ禍のためにエネルギー消費が減ったので、これを機会にクリーンエネルギーへの転換を目指す」「コロナ禍のために貧しい人が増えたので、これを機会に福祉重視に転換する」「コロナ禍によって教育がリモートになり、それに良い面があったので、教育の平等を実現するためにリモートを再検討する」などの提案が可能だ。

　字数が多いので、四部構成にして、最初の段落に、設問の指示通りに、筆者がSDGsコロナ後の世界で担う役割をどう捉えているかを示す。その後に、自分の関心のある領域を示し、初めに自分の意見を書いて、それを検証する形にする。そうするのが最も書きやすい。

　なお、SDGsの17の目標を正確に知らない人も多いだろうが、うっすらとは記憶があるだろう。その場合には、大まかな知識で書いてもかまわない。ほとんどの人が正確な知識はないと思われるので、大きな減点になる心配はないだろう。

### 構成例

**A**　「人々の健康を守る」という目標を取り上げる

**1**　コロナ禍の後、SDGsの項目にある「人々の健康を守る」という点で、改善できると考える。

**2**　確かに、コロナ禍は様々な医療体制の不備をあらわにした。すぐに病院や保健所が対応できないこともわかった。しかし、これを機会に衛生面での備えをすることで改善できる。

**3**　多くの人がこれをきっかけにマスクをしたり、手を洗ったりという習慣がついた。また、現在の医療体制にどのような問題があるかもわかった。放置すると、多くの人はそれを忘れる。社会も個人も、この経験を忘れずに、手洗いなどを続け、新たな病気が起こった時のオン

ラインによる連絡体制の完備を急ぐべきだ。これを一層推し進め、コロナ禍を忘れることのないように努力するべきだ。

**4** したがって、健康面でコロナ禍を契機に改善するべきだ。


B 環境保護

**1** コロナ禍の後、SDGs の項目にある環境保護という点で、改善できると考える。

**2** 確かに、観光がストップしたため、世界の観光地は客が減ったのは、地域の経済にとって痛手だった。しかし、そのために観光地を整備する時間ができたと考えるべきだ。

**3** 観光開発のために自然が壊されたり、観光客のマナーが悪いために自然が被害を受けたりしている。また、観光客と現地の市民の間の衝突も起こっている。今のうちに、それを見直し、環境を破壊しないで観光できるルートや方法を開発するべきだ。

**4** 以上述べた通り、SDGs の項目にある環境保護という点で、改善できると考える。


C 教育

**1** コロナ禍の後、SDGs の項目にある教育という点で、改善できると考える。

**2** 確かに、コロナ禍のために、教育面で大混乱が起こり、リモート授業などが行われたものに、コロナ禍の後、通常に戻っている。しかし、リモートの良い点を生かして教育の平等に生かしていくべきである。

**3** オンライン授業の導入によって、引きこもっている人、病気などで学校に行けない人も授業を受けることができる。また、日本語が苦手な外国人などもリモートで授業ができる。自由な学校空間が可能になる。このような転換としてコロナ禍の中の取り組みを継続させるべき

だ。

**4** 以上述べた通り、SDGsの項目にある教育という点で、改善できると考える。

　　模範解答

　課題文の筆者は、コロナ後のSDGsの役割を、経済、社会の回復を図るとともに、新型コロナウイルスの流行のために一時的に改善した地球環境を維持する際の、具体的な目標になると考えている。SDGsの17の目標を目指すことによって、新たな枠組みを作ることができる可能性があるのである。私は、SDGsで挙げられているものの中で、もっとも「質の高い教育をみんなに」という目標に関心がある。私はコロナ後にこの問題を解決に向けることができると考える。

　確かに、コロナ禍のために、教育面で大混乱が起こり、それは大きなマイナスになった。生徒同士のコミュニケーションができなくなり、行われなくなった行事も多かった。常にマスクを着けていたために密着したことができず、顔の認識さえも十分ではなかった。やむを得ずオンライン授業なども行われ、機械の整備にも混乱が起こった。しかし、コロナ禍の経験を生かして、これから新たな教育に向かう可能性があると私は考える。

　リモート授業をこれからも続けることによって、教育を一層充実させることができるのである。現在、引きこもって、授業に出られない生徒が大勢いる。また、病気やけがで入院するなどして学校に行けない人も多い。そのような人もリモート授業を受けることによって、平等な教育を受けることができるのである。また、現在では外国人の子どもも多く、日本語の学習に困っている人も多い。日本語教師の人数が足りないために、現在では学校の先生が特別に指導している。それについてもリモート授業を行うことによって、全国の子どもが自分の学校や自宅にいなが

ら日本語教育を受けられる。あるいは、先生が遠方に出かけて、そこからテレビの地方ロケのようにリアルな授業をすることもできる。コロナで培ったリモート授業のノウハウを別の形で生かし、これまで教育を受けられなかった生徒も受けられるようになり、新たな形の教育も可能になるのである。

　以上述べた通り、コロナの後、教育の分野でSDGsを実現するべきだと考える。

## ◆役に立つ知識
### ・SDGs

　SDGsとは、Sustainable Development Goals　持続可能な開発目標。2015年に国連サミットで採択され、国連加盟193か国が2016年から2030年の15年間で達成するために持続可能な社会を実現するための17の目標をさす。エス・ディー・ジーズと発音される。17の目標とは、以下のものだ。

1. 貧困の撲滅
2. 飢餓撲滅、食料安全保障
3. 健康・福祉
4. 万人への質の高い教育、生涯学習
5. ジェンダー平等
6. 水・衛生の利用可能性
7. エネルギーへのアクセス
8. 包摂的で持続可能な経済成長、雇用
9. 強靭なインフラ、工業化・イノベーション
10. 国内と国家間の不平等の是正
11. 持続可能な都市

12. 持続可能な消費と生産

13. 気候変動への対処

14. 海洋と海洋資源の保全・持続可能な利用

15. 陸域生態系、森林管理、砂漠化への対処、生物多様性

16. 平和で包摂的な社会の促進

17. 実施手段の強化と持続可能な開発のためのグローバル・パートナーシップの活性化

　これらの目標のうち、直接的に環境問題にかかわるのは、6・7・11・12・13・14・15だが、もちろんほかのことも持続可能な社会と関わっている。これらを総合的に実現することによって、地球環境を守ることができ、平和で差別のない社会が実現するとされている。

　ただ、実際に実現するのはかなりハードルが高い。これから各国での取り組みが必要だ。

### ・新型コロナウィルス

　2019年12月、中国の武漢で新型コロナウイルスの発生が報告され、その後、世界の各地で拡大が確認された。グローバル化が進んでいるために、ウイルス感染を食い止めることができず、世界中で多くの人が病魔に倒れ、死亡者も世界で700万人近いといわれる。日本でも、7万人以上の死者が出た。

　そのため、多くの国で外国からの入国を制限した。また、国によっては、感染拡大を防ぐために軍隊を出動させて都市を封鎖するところもあった。とりわけ中国はゼロコロナ政策をとって、ウイルスが見つかったら、その地域を封鎖するなどして、徹底的に抑え込もうとした。

世界全体で対応に追われ、そのために経済が停滞し、グローバルな動きがとどめられた。会社や学校に多くの人が集まるのを防ぐために、テレワークが盛んになって、自宅でパソコンを使って仕事をする人も増えた。学校の授業もリモート授業が増えた。また、保健所などの役所でコロナ患者の管理をするためにも、会社での仕事のためにも、デジタル化が進んでいないために、停滞した。それについて加速することが必要だった。

　ワクチンの開発が進み、感染者も増えたことで、2023年になって世界的にはひとまず収まっている。これから新たな変異が生じることも考えられる。あるいは、次に別のウイルスが広がることも考えられる。新型コロナウイルスの流行を教訓にして、病気の侵入に対応できる社会を作っていく必要がある。

## QOL

# 上田 紀行（うえだ・のりゆき）

---

**課題文の要約**

**文章**

　かつては「人生50年」と言われた。平均寿命が80歳を超えた今、人間の寿命は延びたが、だからと言ってそれだけ幸せになったかというとそうではない。これまで人間は寿命の数字を伸ばすことばかりを考えてきたが、むしろ問題は、伸びた人生の時間をどう過ごすかだ。数字という量を求めるのではなく、生きる意味という質で考えるべきだ。医療の世界でQOLということが言われている。「生命の質」「生活の質」「人生の質」を高め、一人一人の幸福度を高め、生き生きとしてワクワクしているという実感を得ることを重視するべきだ。数字信仰からQOL社会に変換するべきだ。それを考える時代になった。

**図1からわかること**

　平均寿命（死を迎える平均の年齢）と健康寿命（健康でいられる年齢）の間に男性は9年弱、女性は12年強の年月がある。

**図2からわかること**

　経済状態、家族関係、精神的ゆとりなども幸福感と関係があるが、健康状態が幸福感と関係がある。

（1）は、課題文の主張を400字でまとめることが求められている。
この文章を一言でいえば、「QOLを重視する社会にするべきだ」とい
うことに尽きる。QOLとは、本文にも書かれている通り、「クオリテ
ィー・オブ・ライフ」のことで、「生命の質」「生活の質」「人生の質」
を意味する。ただ単に寿命を伸ばすのではなく、生きがいのある、幸せ
を感じられるような生命を重視するべきだという考えのことだ。そのこ
とをきちんと示して要約する必要がある。

（2）は、課題文と図を踏まえて、「QOLが高い生活」について述
べることが求められている。課題文の主張は「QOLの高い生活を求め
るべきだ」というもの。図表から、不健康な状態で生きている期間が男
女ともかなりあること、そして、何よりも健康状態が幸福度に関わりが
あることがわかる。つまり、これらの文章と図からわかるのは、「これ
まで寿命を延ばすことが重視されてきたが、それでは不健康な状態が長
引く。それよりは、健康でいられて、幸福を求めるQOLの高い生活を
求めるべきだ」ということだ。

現在の高齢者医療は、まさに長生きすることを重視している。本人の
意思とは関係なく、検査を受けさせ、入院させ、ベッドに寝たきりにさ
せる傾向がある。だが、それよりも、幸福を感じる人生、つまり人生の
質を求めるべきだと考える人も多い。

これを読んで意見を求められているのだから、「QOLの高い生活を
求めるべきか」について論じるのが最も好ましい。ただし、これに対し
て、ノーで答えて、「いや、寿命を伸ばすべきだ」と主張するのは難し
い。字数も少ないので、二部構成を用いて、初めに図の読み取りをした
うえで、自分の主張を書いて、次の段落でそれを詳しく説明したり、健
康寿命を伸ばすための方法を示す方がよい。

**1** 私も平均寿命よりも健康寿命を延ばして、QOLを重視する社会にするべきだと考える。

**2** 幸福でいられるには健康であることが大事だ。病気になってから治療するのではなく、予防をしっかりする。そして、健康を保つためのスポーツや楽しみを増やすことが大事だ。そうすることで健康寿命を延ばすことができる。

または

**2** QOLの高い社会にするためには、高齢者の居場所を確保するべきだ。そして、公民館などに安価に楽しめる場所をたくさん作って、それぞれの楽しみを追いかけられるようにする。そうすることで、健康寿命も伸ばすことができる。

模範解答

**(1)**

　かつては「人生50年」といわれた。平均寿命が80歳を超えた今、人間の寿命は延びたが、だからと言ってそれだけ幸せになったかというとそうではない。

　これまで人間は寿命の数字を伸ばすことばかりを考えてきたが、むしろ問題は、伸びた人生の時間をどう過ごすかだ。数字という量を求めるのではなく、生きる意味という質で考えるべきだ。医療の世界でQOLということが言われている。QOLとは「自分の生存状況についての、満足、生きがいなどの意識を含む全般的主観的幸福度」である。「生命の質」「生活の質」「人生の質」を高め、一人一人の幸福度を高め、生き生きとしてワクワクしているという実感を得ることを重視するべきだ。数字信仰からQOL社会に変換するべきだ。それを考える時代になった。

**(2)**

　人間の寿命は延びているが、図1からもわかる通り、不健康な状態で暮らす期間も長い。図2からは、健康であることが幸せであることの大きな意味を占めている。したがって、課題文で語られている通り、私もQOLを重視する社会にするべきだと考える。

　QOLの高い社会にするためには、高齢者の居場所を作ることが大事である。現在、高齢者が孤立しているために、不健康になったり、生きがいをなくしたりしている。それを防ぐために、公民館などに、多くの高齢者が楽しめる場所を作る。勉強したい人、スポーツや文化を楽しみたい人、交流したい人が楽しめる高齢者の居場所を作ってそこで自由に過ごしてもらう。バスを使って、その場所に送迎する。そうすることで、高齢者はコミュニケーションを取れるようになり、精神が活発になり、心身が健康でいられる。つまり、健康寿命を伸ばすことができる。

## ◆役に立つ知識

### ・予防医療

　これまでの医療は、病気になった人を治すことを重視していた。だが、日本社会で高齢化が進み、健康寿命が問題になるにつれて、予防医療が重視されるようになっている。

　予防医療とは、もちろん、前もって予防して病気にならないようにするための医療だ。病気になってから医療にお金をかけるよりも、予防にお金をかけるほうが、個人的にも社会的にもずっと安くつくことが知られている。

　そのためには、まず食生活や適切な運動に気をつけ、健康な体を作ることが大事になる。次に、定期検診や健康診断などをきちんと行い、病気になる前に徴候に気づくことも大事だ。そして、万一異常が見つかったら、すぐにホームドクターが相談に乗り、病気にな

ったら専門の病院に紹介する制度を作る。

　これらのことは個人の努力だけでは不十分で地域全体の取り組みが必要になる。保健所などが予防を呼びかけ、地域ぐるみで健康運動を行うことによって国民の健康を守ることができる。そのような意識転換が必要だと言われている。

## 第24講　健康格差

# 近藤 克則（こんどう・かつのり）

**課題文の要約**

　独り暮らし世帯が増えている。全世帯の三分の一になっている。一度も結婚したことのない人も2030年には男性は30パーセント近く、女性も20パーセント以上になるとされている。独り暮らしは社会階層の低い人に多い傾向にある。また、友達や同僚と過ごす日本人は少ない。これは大きな問題だ。寂しさを抱える高齢者を狙う犯罪も多い。高齢者の絆探しが大事だ。そのため周囲の人によるサポート、つまり社会サポートが重視されている。情緒、手段、情報において周囲の人がサポートして高齢者が社会的に孤立しないようにする試みである。社会サポートが健康に有益であり、社会的孤立は不健康につながる。貧困・障害などの社会的弱者ほど、社会ネットワークから孤立する傾向が強い。やがてそれが身体的健康も蝕む。

**考え方**

　課題文は、独り暮らし世帯が増えていることを指摘し、その人たちは社会階層の低い人が多く、友達や同僚と過ごすことが少ないと指摘している。そのうえで、それらの人が社会サポートを受けて社会ネットワークをもって社会的に孤立しないことで、健康を保つことができるとして

いる。

この文章を読んで、 設問1 では、健康格差を生み出す要因について
の説明が求められている。不健康になるのは社会ネットワークから外れ
るのが大きな要因であることを中心に説明すればよい。独り暮らしの人
が多く、その人たちは社会的な弱者が多いために孤立しやすく、そうな
るとますますネットワークから切り離されて不健康になっていくことを
説明すればよい。

設問2 は、健康格差の解決のために個人でできる取り組みについて
300字以内で書くことが求められている。

ただし、自分が健康を保つための方法でなく、社会が健康格差を減ら
すための方法を書く必要がある。「地域のスポーツ大会、イベントを開
く」「地域で団体旅行を企画する」などのアイデアが考えられる。

字数が少ないので、二部構成を用いて、最初に自分のアイデアを書
き、次にそれを説明する形をとると書きやすい。

### 構成例

#### 設問1

**1** 周囲の人と常にあいさつを交わし、町内会や町内のイベントなどに
誘う。高齢者が困っていたら手伝うように心がける。自分も積極的に
イベントに参加する。

**2** たとえば、盆踊りなどに参加し、周囲の人にも参加するように勧め、
誘って一緒に行く。みんなが楽しめるように気を遣う。

#### 設問2

**1** 現在、町内会などは多くの地域で機能していない。その復活を行
う。

**2** 楽しくなければ機能しないのは当然だ。楽しいパーティ形式にして、

気楽に参加できる町内会の集まりを作って、そこに参加しない独り暮らしの人にも声をかけるようにする。

**設問1**

健康格差が生み出されるのは、孤立して生きるようになり、社会サポートがなくなって、社会ネットワークから外れるのが大きな要因である。情緒、手段、情報において周囲の人がサポートすることが健康に有益であり、それを失って社会的に孤立すると、不健康につながるのである。

**設問2**

私は、個人的にできることとして、周囲の人と常にあいさつを交わし、町内会や町内のイベントなどに誘うことを上げたい。

挨拶をすることによって、声がかけやすくなる。普段から挨拶を欠かさず、イベントがあるときには誘うようにする。もちろん自分でも積極的に参加する。多くの人を誘い、それぞれに仕事の役割をあてがって、みんなが自分の役割を果たせるようにする。お菓子を持ち寄っての企画会議や反省会なども行って、楽しめるように心がける。そうすることで、みんなが楽しみながら孤立から防ぐことができる。

## ◆役に立つ知識

### ・地域社会の崩壊

かつては、農業中心の社会では、地域の人々がつながり合っていた。また、子どもは家族だけでなく、地域全体で育てるという意識があった。そのため、近所の大人たちはそれとなく外で遊ぶ子どもたちの様子を見ていたし、叱るべきときは叱った。高齢者に対しても、地域のみんなで面倒を見て、買い物を手伝ったり、独り暮らし

を見守ったりした。

　ところが、工業、商業が中心の社会になると、多くの人が都市で暮らすようになり、転勤をするようになり、核家族が増えて、地域のつながりが薄れた。

　地域のつながりが失われてしまうと、人々は帰属すべき場所を失い、地域の一員としてのアイデンティティーを失ってしまう。子どもは家庭や学校以外で人間関係を築くことができなくなり、社会性を身につける機会を得られなくなった。引きこもりが増え、孤独死や子どもの虐待なども増えた。

　今さら、かつてのような、地域が一体となって同じような価値観を持つ社会を復活させるのは難しいだろうし、それを好む人は少ないだろう。しかし、もう少し緩やかな形で地域社会を作って、子どもや高齢者を見守り、地域のアイデンティティーを育てるような活動は必要だ。

**樋口 裕一**（ひぐち ゆういち）

1951年大分県に生まれる。早稲田大学第一文学部卒。立教大学大学院研究科後期課程満期退学。作家、多摩大学名誉教授。小論文・作文専門指導の「白藍塾」塾長。入試小論文指導の第一人者で"小論文の神様"と呼ばれる。教育活動の傍ら、幅広い年齢層に向け、文章の書き方、話し方、思考法、教育、音楽など、多岐にわたるテーマの書を執筆。主な著書に、250万部突破の大ベストセラー『頭がいい人、悪い人の話し方』（PHP新書）、『ホンモノの文章力』（集英社新書）がある。大学入試参考書では、本書を含む「まるまる使える」シリーズ（桐原書店）、「読むだけ小論文」シリーズ（学研）、「小論文これだけ！」シリーズ（東洋経済新報社）などがある。

〈白藍塾問い合わせ先・資料請求先〉
〒161-0033 東京都新宿区下落合1-5-18-208　白藍塾資料請求係
https://hakuranjuku.co.jp　☎0120-890-195（受付時間平日8:30〜17:00）

※本書は「まるまる使える　入試頻出　課題小論文［新装版］」を改訂したものです。

**まるまる使える**

**入試頻出課題小論文 ［改訂版］**

2005年11月18日　初　版第1刷発行
2009年7月1日　新装版第1刷発行
2024年1月25日　改訂版第1刷発行

| | |
|---|---|
| 著　者 | 樋口 裕一 |
| 発行人 | 門間 正哉 |
| 発行所 | 株式会社 桐原書店 |
| | 〒114-0001　東京都北区東十条3-10-36 |
| | TEL：03-5302-7010（販売） |
| | www.kirihara.co.jp |
| 装丁・本文レイアウト | 駒田 康高（デジタル・スペース） |
| イラスト | 荒井 佐和子 |
| 印刷・製本所 | 図書印刷株式会社 |